股海闻道

上

千千
股道

袁　刚◎著

中国财经出版传媒集团

经济科学出版社

Economic Science Press

图书在版编目（CIP）数据

股海闻道.上，千千股道/袁刚著.--北京：经济科学出版社，2023.8

ISBN 978-7-5218-4923-3

Ⅰ.①股… Ⅱ.①袁… Ⅲ.①股票交易-中国 Ⅳ.①F832.51

中国国家版本馆 CIP 数据核字（2023）第 126535 号

责任编辑：刘战兵
责任校对：靳玉环
责任印制：范 艳

股海闻道（上）
——千千股道
袁 刚 著

经济科学出版社出版、发行 新华书店经销
社址：北京市海淀区阜成路甲 28 号 邮编：100142
总编部电话：010-88191217 发行部电话：010-88191522
网址：www.esp.com.cn
电子邮箱：esp@esp.com.cn
天猫网店：经济科学出版社旗舰店
网址：http://jjkxcbs.tmall.com
北京季蜂印刷有限公司印装
710×1000 16 开 14.5 印张 208000 字
2023 年 8 月第 1 版 2023 年 8 月第 1 次印刷
ISBN 978-7-5218-4923-3 定价：66.00 元
（图书出现印装问题，本社负责调换。电话：010-88191545）
（版权所有 侵权必究 打击盗版 举报热线：010-88191661
QQ：2242791300 营销中心电话：010-88191537
电子邮箱：dbts@esp.com.cn）

前 言

▶ **万物具足** ◀

  我从 25 岁开始迷恋交易，因时常在论坛中、在书籍中听闻"交易之道"，所以从 26 岁开始拜读《道德经》。我对其中的三十三个章节颇有感触，于是便尝试着翻译、解读、感悟，并在市场中感知多年，却也不得其意。在国外求学 10 年，年近而立时回国，回国之前，我缓缓升起了一种别样的情怀。

  我像一个游子回到了母亲的怀抱，又像一个虔诚的求道之人，终于要踏上这道之圣境。这不只是回归，命运之轮朝向我的来路起航。我确认了，这种情怀便是"道反"的情怀。命运之轮缓缓启动，它从"道反"起航。我放心了，我只要出发，我只要在路上，"道反"就能带我返回那个没有地址的地方。

  《道德经》成书于 2500 年以前。本人更习惯称这本书为《老子》，简单、明了、亲切。在距离中国 9000 公里的地方，我意识到，这片生我养我的地方，是被《老子》影响了 2500 年的地方。这个地方是道之沃土，是道之圣境。

这一次回国，我不再像以前那样执着于翻译那曾经困惑自己许久的"三十三章"，我放下了对翻译的执念。在"道境"中，在土壤里，我只需要专注于生长，去体验生命之道的全部轮回。决心已定，我将以生命的全部形态，去翻译那"三十三章"的全部内容。

"道生一，一生二，二生三，三生万物"。此话一出，万物道归。你不用去翻译"道"，因为万物具足。上下几千年，任何对物的描述都"不离道"。所以你不用去赞美"道"，因为"道"不会因为你的赞美而青睐你，反而显得你有讨好和借助的"智慧出"。你赞美物就具足了。

大家耳熟能详的贺知章的《咏柳》："碧玉妆成一树高，万条垂下绿丝绦。不知细叶谁裁出，二月春风似剪刀。"我们"咏柳"就可以了，"咏柳"就是"咏道"。最终，我要咏出对行情的赞美，那就是我对"道"最好的翻译。从柳树的生命过程看《老子》中的"道生一，一生二，二生三，三生万物"，看懂了柳树，也就理解了行情。

生命的第一要义就是"生"，就是以"生"为开始。你可能在生命的某个阶段领悟到大于"生"的意义，但在生命开始的第一阶段，"生"就是第一要义。所以，"道生一"中的这个"一"，就是"生"。假如说"道"的第一要义不是"生"，那么"一"就不存在，因为"一"也是被"道"生出来的。所以"道生一"就是"道生生"，之后的"二、三、万物"，是去推演如何才能"生生不息"。

很多国学大师说"一"是元气，"二"是阴阳。我不能说这样讲不对，但这样讲很取巧。"元气"是什么？阴阳是什么？这本身就难以解读。你不能用"元气、阴阳"去解读"一、二"，这是用"玄"去解读"玄"，非常取巧。

我们以"生"为开始，去推演，去"生二"。在豆豆的长篇小说《遥远的救世主》里面，主人公丁元英说生存法则很简单，就是"忍人所不忍，能人所不能"。"忍"是一条线，"能"是另一条线。两条线之间的距离是生存空间，距离越大，生存空间越大。如果我们真能做到"忍人所不忍，能人所不能"，那我们的生存空间就比别人大。

这个解释总比"阴阳"要实在。我认为的两条线，一条是向外获取最大，另一条是向内消耗最少。所以说，生存空间是一个比值，比值为正，即架设生存空间。因为这个比值的存在，不只是柳树，所有植物都是类似的结构。越往外越繁茂，以繁茂来增加对阳光和水分的接触面；越往内越拢聚，以拢聚来减少对能量和养分的消耗。最后我们看到，所有植物拥有类似的"枝系"和"根系"结构。用混沌理论讲，叫层层分形自相似。

对于树来讲，本能地向上生长就是"一"，而"二"是相对稳定的比值。在这个相对稳定的比值中，柳树开始持续稳定地成长。但随着柳树越发枝繁叶茂，也越发树大风招。要么被动挨打，要么自我降伏。自我降伏是自然状态下的自然选择，柳枝的末段不再坚硬，变得柔韧起来。

柔韧吃着劲，你得使劲拉住、拽住。你若松开，它又恢复到原来的位置。这个"拉住、拽住"便是降伏妄心，然而你又多生了一个降伏妄心的心。你还得使劲在那里拉住、拽住，一直坚持着。与此同时，别忘了，"一"还在向上，还在生长。"一"本能地只知道向上生长，向粗壮生长。

在"一"的本能中，在"二"的柔韧中，生命之推演还在继续。生命物质越过了柔韧，生出了柔软，万般垂下。从硬，到韧，到软，我们经历了三个步骤，我们达到了"三"，达到了软。一经过了二，变成了三。硬经过了韧，变成了软。此时已经没有"妄心"了，你不用去拉住、拽住了，连降伏之心也消逝了。此时，你可以去"无住生心"了。生什么心？

三步推演之后，万条垂下。此时，一上生万下，一硬生万软，一粗生万细，也就是一我生万我。此时，万我不再以本我的意志而行动，而是以环境的变化而一应俱全。此时，你惊叹道：越是一我向上，越是万我向下；越是一我粗壮，越是万我细软。我们发现了一个越发明显的"反比"，在"反比"持久存续中，柳树越发生生不息。

再看万条垂下，同步发芽、发绿、变黄、飘零，你透过万条垂下，看到了春夏秋冬。再看微风拂过，一条柳的姿态"和同"于千万垂柳的姿态，你透过万条垂下，看到了静与动相随。正所谓"一真一切真"。在"道生"的三步之后，我遇见了禅，遇见了"无住生心"。

以上是从个体的角度出发去解读"一我生万我"。任何生命经过了"二生三"，就可以达到生生不息。一个生命如此，所有生命如此。从整体来看，就是"道生万物"。我们再去咏柳，便是咏春，便是咏道。此时，微风拂过，岸边垂柳宛如柳海。正所谓，"一真一切真，万境自如如"。

一只股票，如何去看股票的万条垂下（第二章，混沌介质、隐情浮现）；一波行情，如何去看行情的"万境自如"。这就是本书需要阐述的内容。每一只股票即是千万股民心（第二章），每一波行情即是千万股票心。我们在"观心篇"去观"繁心碎现"，我们观心的最终目的是：识别行情范围，在行情范围之内，"一股一切股，行情自如如"。

再看"道生一、一生二、二生三、三生万物"，其实只有"一"，只有"生"。二是一的比值（生长），三是一的反比（存续），万物是一的千万如一。《老子》

一半讲"道"，一半讲"德"。道是"生"，德就是"好生"，正所谓上天有好生之德。我们看到的柳树最终形态，是"好生"的结果。所以说，"好比""好反"才是德，才是生生不息的生存之道。

如果能讲好这个"一"，就可以理顺所有，既可以闻道，也可以参禅。如果没讲好这个"一"，就不要讲《老子》的其他部分，也不要讲不二法门。这本书，最终要指出的是行情的"反比浮现"。

你把最根本的这一段或几段文字解读出来了，其他的章节就会主动地过来搭建，每个章节，自己找到自己的位置，并自我搭建起来。此时，八十一章就鲜活起来了，一章一章章，一段一段段，一字五千字，此时你才能说《老子》字字珠玑。

有很多翻译《老子》的国学大师，能把一些很"朴"的章节讲得过于精彩，把一些很"玄"的章节讲得更加玄虚。他本人就在"精彩"和"玄虚"的自我搭建中闪闪发光。他本人可能也不喜欢这种过于直白的发光，因为他也知道《老子》本身不会这么直白地发光。他估计已经在这种直白的发光中坐立不安了。也或许他本就追求这种直白的发光，也因此直白地生了"住"，而错过了本有机缘遇到的"一"生。

所以，解读《老子》，是一件非常危险的事情。结果就是，当一个图书馆馆长，或一个漆园吏站在国学大师的旁边，到底谁是谁？对于普通大众来讲，无法识别谁是谁，反认他人是故人。而实际上，大众和他人，也就是所有人，都错过了故人。我会尽可能地不去直接翻译或解读《老子》，而是会把启发我感悟的那一段"经"放在相关的段落后面，或许，这就具足了。

我不会讲禅，因为我本也不懂禅。对于《老子》，我还读过三十三章；对于禅，我也只是在网上看过别人讲解的视频，深入过一些关键的文字，仅此而已。但我知道，"禅"只是借助，我应该直接去深入那个最终的东西、去深入禅也要去深入的那个东西，那个东西就是心。我借助"行情"深入了心，再回头看，就不用去分别是禅还是道了。

如果你对这种说法的"道生万物"略有兴趣，也许你天生也略有慧根，也许你被行情"拷打"得略有慧根，也许我们每一个人本身就具备"老子"。当你识别了那个原本就具备的"老子"，你才知道"我是我"，你才知道"谁是谁"，你才知道"我是谁"。

▶ 本书味道 ◀

既然要著书，就要讲一些别人讲不出来的东西。我要讲的，既是别人讲不出来的，也必须是"市场真理"。海德格尔说，艺术是真理的原始发生。我想验证这句话，这是一种尝试，也许很大胆，也许漏洞百出，但在这个领域，总该有人尝试。

一滴海水也能散发大海的味道。本书什么味儿，去"嗅一嗅"，这个就是我的方式。我不喜欢在前言中写出基本内容，我喜欢去"嗅一嗅"，一滴海水也能"序言"一片汪洋。推荐大家可以先看"观心篇"中的"原始发生"这一节，这是一个隐喻，看似无关，但全部相关。如果不对味，就不用花时间去看这本书的其他内容了。

▶ 本书阶段 ◀

在老子生活的那个年代，社会识字率在 8% 左右，但书不同文、车不同轨，知识的迭代和信息的传播都是极度困难的。然而，这一时代学术思想非常活跃，这一思想文化的繁荣局面历史上称为"百家争鸣"。现代人都比古人有知识，但好像引起了更多的混乱。很早我就意识到，多读书，不一定有用。

我在二十几岁的年龄有幸拜读了《老子》。我一共挑选了三十三个章节，开始背诵理解。我当时觉得，这三十三个章节对认知市场有启发作用。我带着对这三十三个章节的粗浅认知，在市场中体验，认知，再体验，再认知。

我在"道"与"交易"之间游走。我把这十几年的认知整理了一下，起名为《股海闻道》，预计写出三本书。这三本书的书名如下：

- 《股海闻道（上）——千千股道》
- 《股海闻道（中）——诸相非相》
- 《股海闻道（下）——安之若命》

　　有人希望我能给这种交易方式起个名字，以区别于其他交易方式。这个真的很难，因为我没有发现什么新的东西，我只是把对"道"的感知结合到交易当中去。如果非要给出个名称，那就叫"图道交易"吧。当我写完第三本书后，我们可以把和"图道交易"相关的一系列操作方式称为"图道交易系统"。

目录

CONTENTS

闻道篇

浮 图 问 道

观心篇

繁心碎现

闻道篇

浮图问道

第一章

迷途知返、天妒天机

前三章的内容，覆盖了我 2017 年以前讲课时的主要内容。我并没有做太大的删改，配图也直接使用了之前的配图。深思熟虑后，我还是保留着大量 2017 年之前的文字，并没有重新去写。这个也是我们由浅入深的过程。但要说浅，似乎也没那么浅，如果带着原有的观念去读，也会遇到障碍。

这一章叫"迷途知返、天妒天机"，也可以叫"瓶颈突破"，其内容就是要重新认知基础概念，指出基础概念的理解误区。比如大家经常问：如何做好止损？这个问题本身就是问题，止损时已经不好了。这个问题类似于：如何生好病？如何犯好法？

如何做好止损？如何做好趋势？如何做好离场？我们一直都这么问，也许我们一直都在迷途上。我们问了一百年，在这一百年里面一直有无数答案，却不能终结这个问题。你不知道怎么办，也不敢停留，你忙着积累一百年以来的答案。你不得已把自己培养成一个止损专家。我也曾是止损专家，但我并不快乐。一个人如果乐于成为一个"老亏货"，乐于成为一个"病秧子"，乐于成为一个"惯犯"，那么他就是乐于自欺欺人。

问出一个正确的问题，打开正确的认知路径。迷途知返才是继续往下走的前提。

亏损专家

这一章我们讲三个"如何"：如何做好止损？如何做好趋势？如何做好离场？我们从如何做好止损开始。

江恩认为，投资者在市场买卖中遭受损失，主要的原因有三点：

1. 在有限的资本上过度买卖。

2. 投资者没有设立止损点以控制损失。

3. 缺乏市场知识，这是在市场买卖中亏损的最重要的原因。

简单翻译一下，江恩的意思就是投资者亏损是因为不懂止损，包括因重仓而无法止损、不愿意设置止损、不会设置止损等。对于初学者来讲，由于江恩的名气太大，所以总是认为江恩肯定没有错，错在自己，是自己没有能力学会止损。

于是我拼命地学习止损，努力把自己培养成了一个止损专家。但我还是不能盈利，我很苦恼，于是便开始在网上、在论坛里面写"我对止损的认知"，想听听大家的意见。我写出了均线技术的止损要点，归纳了波浪理论的止损总结，写出了各种指标的止损技巧。出乎意料的是，我赢得了掌声，很多人回帖表示感谢：谢谢老师，总结得真好，收藏。

一时间，我有点飘飘然，甚至认为我的方向没有错，如果再继续总结下去，一定可以做好止损。直到一位网友附着坏笑的表情问了一句："你是止损专家吧?"我还故作谦虚地回复："网友抬爱，虚名而已!"结果人家回复了三个字："老亏货"。我心中大惊：原来止损专家就是"老亏货"。此时此刻，我的目的也达到了，我在论坛里面找到了启发。

如何做好止损？我们一直都这样问，也许我们一直都在歧路上。我们问了一百年，在这一百年里面有无数答案，却不能终结这个问题。你不知道该怎么办，你也不敢停留，你忙着积累一百年以来的答案。你不得已，把自己培养成一个止损专家。

止损是负面情况，你已经亏损了，任何对"如何做好"的探讨只是减轻亏损程度罢了。把止损做好了，你就能做到亏而不死，就成了一个"职业亏货"，一个"老亏货"。长此以往，你会沉迷于你的专业能力，你会离赚钱越来越远。有些人甚至会讲出这样的话："你别管我赚没赚钱，你就说我这个止损做得漂不漂亮？"

同样的逻辑，可以试问一下：如何生好病？如何犯好法？我也曾是止损专家，但我并不快乐。一个人如果乐于成为自己的专家，他有可能乐于成为一个"老亏货"，乐于成为一个"病秧子"，乐于成为一个"惯犯"。他在这个病态中找到了乐趣，因为也能听到掌声，所以乐此不疲。

所以说，"如何做好止损"这个问题本身就是问题。而理想中的正确的止损概念是：无需设置止损。正确的提问方式是：如何才能无需设置止损？我们通过几个案例，逐步理解"无需设置止损"。

双向预期

2015年8月，铁矿主力合约跌到了380元/吨。此时市场的声音逐渐清晰起来，主要有两种观点：A观点认为现在是下降趋势，铁矿也能跌到300元/吨以内，还提出了标新立异的基本面论断：地球就是一个大铁块，所以铁矿不值钱。另一种观点认为，铁矿是重要商品，如果价格太低，经济必将受到伤害。物极必反，必有政策。

那么，谁说得对？你应该支持谁？

首先明确一个方向，这个市场是越跌越跌不动的。

所以可以设计一个倒金字塔策略，每个人资金情况不同，所以这个案例中的持仓方案只是为了讲清楚策略用的。从380元/吨开始，每跌60元/吨，倍仓1次，做4次（见图1-1）。

假设市场就在380元/吨就反转了，我也小赚了一笔；假设市场在260元/吨反转了，也会赚得比较让人满意；假设市场可能会跌到200元/吨，而此时你也补充了保证金，继续持有这8手铁矿合约，并计划最大限度地扛住 100 个价位的下跌，也就是说铁矿跌到了 100 元/吨也不会爆仓，那你有可能大赚。

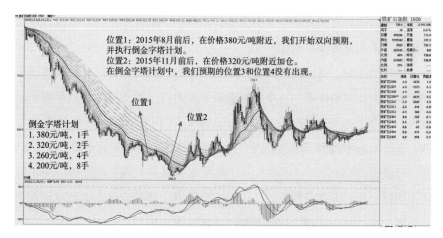

位置1：2015年8月前后，在价格380元/吨附近，我们开始双向预期，并执行倒金字塔计划。
位置2：2015年11月前后，在价格320元/吨附近加仓。
在倒金字塔计划中，我们预期的位置3和位置4没有出现。

倒金字塔计划
1. 380元/吨，1手
2. 320元/吨，2手
3. 260元/吨，4手
4. 200元/吨，8手

图 1-1　双向预期

从基本面上看，铁矿跌到了 380 元/吨这个位置，或者说一个重要的工业品种跌到了成本附近，你就可以设置这种倒金字塔策略，并持有双向预期。也就是说，如果在此反转，你会就小赚，你会预期它反转；如果下跌，你有可能大赚，所以你也预期它下跌。当你可以双向预期时，你就是快乐的、美好的。但这样的机会不是你分析出来的，而是市场给你的。

而此时，你需要设置止损吗？

这个倒金字塔策略看起来没毛病，好像无论如何，你未来都是赚钱的。在逻辑上是没有毛病，在大部分情况下也确实如图所示，但也会出现"天杀"的情况。我们会讲 2020 年的"原油宝"事件。

表示担忧

2008 年的时候，我还在新西兰维多利亚大学读研究生，宏观经济学老师小有名气，他自己说，他曾代表新西兰在 2006 年的中新贸易合约上签过字。我在读书时就已经沉迷于做外汇保证金交易了，选择的是差价合约平台，100 倍杠杆，当时已经有过两次爆仓的交易经历。所以在读书时，在老师解读国际重要品种走势时，我总喜欢提出方向性问题。

老师也非常可爱，也喜欢聊走势，而且名气越大的教授，越是喜欢预测走势。我又特别关注这方面的内容，还把老师讲的话和分析逻辑都记录在本子上。结果次贷危机把整个学院搞得都很尴尬。老师讲了大半年的美元要持续贬值，好巧不巧，下半年的次贷危机，却使美元成了世界范围的避险币种而大幅升值。

老师当时也极力为自己辩解，次贷危机，百年不遇，如果预测错了，也不必为此感到担忧。老师又强调，不符合经济模型是常有的事情，所以不必为此感到"worry"（担忧）。但有一点我始终不理解，老师每次给我批改论文，总是以担忧的口吻来评价我的论点。好像我这样的学生毕业以后，会不按套路出牌，最终导致经济的不稳定。

在我的印象中，老师好像没教过我什么有用的东西，只有各种"be concerned about"（担忧）。我写关于美国长期资本管理公司（Long – Term Capital Management）衰败启示的论文，老师表示比较担忧；我写关于风险模型在次贷危机中的脆弱性的论文，老师也表示比较担忧。最后，在我的担忧中，宏观经济学这门课以不及格的分数破格通过。

因为大家都不及格，但科目要保证通过率，下一次才会有学生来选修。既让你不及格，最后又让你通过。怀疑的是自己，感恩的是别人。还好只有这一门课程是这样的，另一门课程"风险管理"的老师是一位非常和蔼的精算师，你就是学得不好，他也会鼓励你，给你温暖和关怀。人生大概就是一场无师自通的修行。你遇到的不公反而能激发出你的理性，你遇到的关怀反而能呵护你的情感。这样，就没有什么可以担忧的了。

以前我一听到"worry"这个单词，我就真的很"担忧"。你能想象这样一个情景：一个外国老师对着一群中国留学生大发感慨：我对你们国家的很多事情表示很担忧。而大部分中国留学生也不能反驳，因为一旦反驳，老师大抵会对这个学生表示担忧。

学费真的很贵，出趟国也不容易。但这股气憋在心里面，积蓄成了叛逆，我对此也表示很担忧。要么入乡随俗，要么找到出口。我其实非常感谢次贷危机，因为在如此巨大的经济灾难面前，庸人开始双标，智者变得简单，简单到不需要分析。我突然意识到，应该等待这个时机，不需要分析的时机，才能看到真相。

于是我扔掉书本，扔掉复杂，扔掉担忧。我也不在传记里面去学习巴菲特，也不去研究烦琐的价值理论。在美国的几次重大经济危机或经济泡沫中，费雪是怎么操作的，格雷厄姆是怎么操作的，巴菲特是怎么操作的，索罗斯是怎么操作的，谁毁了一世英名，谁又站上了世界之巅？把这些行为归纳总结，没有分析，没有模型，一切都跃然纸上。我找到了出口，我很满意。我也对满嘴担忧的人表示，你忧你的，我做我的。

我们来看看巴菲特在次贷危机中的表现（见图1-2）。

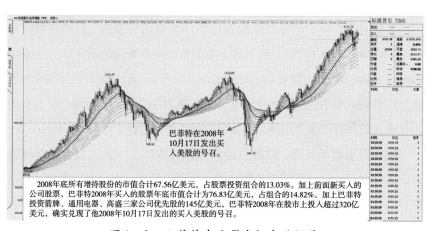

巴菲特在2008年10月17日发出买入美股的号召。

2008年底所有增持股份的市值合计67.56亿美元，占股票投资组合的13.03%。加上前面新买入的公司股票，巴菲特2008年买入的股票年底市值合计为76.83亿美元，占组合的14.82%。加上巴菲特投资箭牌、通用电器、高盛三家公司优先股的145亿美元，巴菲特2008年在股市上投入超过320亿美元，确实兑现了他2008年10月17日发出的买入美股的号召。

图1-2 巴菲特在次贷危机中的操作

图1-2的文字是我在网上找到的数据和报道，也就足够拿来分析了：

1. 2008年底，67.56亿美元占投资组合的13.03%，说明巴菲特此时股票市值将近520亿美元。

2. 其中新投入的股票市值是320亿美元。

3. 之前投入的股票市值为200亿美元（之前持有的免不了大幅缩水，

这 200 亿美元是缩水后市值）。

4. 2008 年前，伯克希尔—哈撒韦公司保险现金浮存规模为 400 亿~500 亿美元。巴菲特在 2008 年 10 月 17 日市场还没有跌到底时就抄底了。复盘可知，市场的底部离巴菲特买入的位置还是有很大的距离，说明巴菲特也没抄在地板上，只能算抄在了大腿上。

5. 巴菲特估计还有 100 亿~200 亿美元没有动用，也许有其他用途吧。

6. 巴菲特也表示对自己在金融危机期间的决定存在一些遗憾。他说，如果等到 2009 年 3 月市场触底时才动用他的现金，就会大赚一票。巴菲特说，他犯了很多错误，没有利用混乱带来的机会实现收益最大化。但最终的结果还算勉强令人满意。

整个交易过程很简单，操作很单一，几乎没有策略，结果也不完美。唯一不寻常的，就是资金体量大得吓人。巴菲特以往所有的交易都没有这一次集中，资金量也没有这次大，我本希望能够看到更多的报道和更多的解读。但这次巴菲特如此大买特买的交易行为，媒体的报道却很简单。怎么了，媒体集体哑火了，没有什么可以渲染的了？

这个时候为什么不谈巴菲特式的资金策略，不谈巴菲特式的财务分析，不谈巴菲特式的选股偏好。巴菲特自己不也说财务状况是最大权重吗？那你说说看金融危机前后，哪家公司的财务状况是可以接受的？

我们分析一个人，只看他最重要的一次行动，这一次行动就是这个人真正的缩影。而巴菲特在这次股市下跌时大举买入，简单、清晰、坚决。几乎没有策略，没有个股分析，没有高谈阔论。这一次，足够让人清醒。如果你觉得还是不清醒，那就再看看索罗斯最重要的一次行动，或者再看看格雷厄姆最重要的一次行动。

等到一个这样的机会，在这个机会面前，你不需要策略，不需要分析，不需要担忧，自然也就不需要止损了。当你手里面攥着金子的时候你是不会放下的，有一天你发现了钻石，你就去抓钻石，当你抓住钻石时，你突然发现你已经放下了金子。如何放下止损？当那个足够好的机会扑面而来的时候，你自然就放下了，你甚至都忘了你是怎么放下的。

你放下了，也似乎在放下的过程中尝到了甜头，但不要走入另一个极端。如果你开始放纵自己，开始放飞自己，那就很有可能遭遇"天杀"。

警世天杀

百度上是这样说的：

2020 年受新冠肺炎疫情、地缘政治、短期经济冲击等综合因素影响，国际商品市场波动剧烈。美国时间 2020 年 4 月 20 日，WTI 原油 5 月期货合约芝加哥商品交易所（CME）官方结算价 - 37.63 美元/桶为有效价格（见图 1 - 3），客户和中国银行都蒙受损失，由此触发"原油宝"事件。4月 21 日，中国银行原油宝产品"美油/美元""美油/人民币"两张美国原油合约暂停交易一天，英国原油合约正常交易。

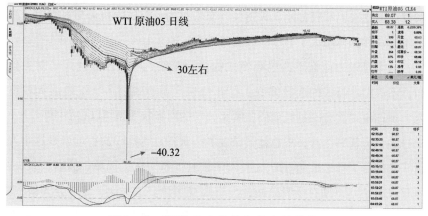

图 1 - 3　WTI 原油 5 月期货合约价格

2020 年 5 月 4 日，国务院金融稳定发展委员会召开第二十八次会议，提出要高度重视当前国际商品市场价格波动所带来的部分金融产品风险问题。5 月 5 日，中国银行回应"原油宝"产品客户诉求：已经研究提出了回应客户诉求的意见。中国银行保留依法向外部相关机构追索的权利。截至 8 月 2 日，已有 27 个省（自治区、直辖市）高级人民法院陆续发布公告，对分散在各地的"原油宝"事件民事诉讼案件实行集中管辖。12 月，中国银保监会对中国银行及其分支机构做出处罚决定。

假如我是炒原油的，那么我大概经历了这样的一个过程：

1. 当市场跌到 20 美元/桶时，我心里暗爽，千载难逢的机会终于要来了。大概率不会跌到 10 美元/桶的，以 10 美元/桶为全部亏损反向计算，开始反向建仓。

2. 当持仓接近 10 美元/桶时，经纪人给我打电话，催促我补交保证金。若不能及时补交保证金，合同规定经纪公司的风控官有权砍仓。这时，估计我也是以最快的速度把积蓄转到账户里。我也许会以 0.01 美元/桶为爆仓触发线，反向计算持仓比，并重新调整持仓。此时，我认为这下万无一失了，可以关机睡觉了，美美的。

3. 半夜，经纪人又给我打电话，说价格跌到快接近 0.01 美元/桶了，需要继续补保证金。我不想补，因为价格是不会跌到 0.01 美元/桶的。因为原油历史上就没有出现过负数价格。经纪人也是这样认为的。但风控官还是强调，如果不补，按照规定，风控官现在就有权砍仓。所以没有办法，我边补边骂，埋怨风控官一点常识都不懂。

4. 此时，在 0.01 美元/桶的价位有大量的止损盘。一旦跌破，就会触发大量平仓指令。当跌破 0.01 美元/桶时，已经没有时间去通知客户补仓了，风控官所有的精力都放在平仓上。

5. 然后，价格真的就跌破了 0.01 美元/桶，平仓都来不及了。不但多头死光了，穿仓后，经纪商也可能要承担来不及平仓的损失。

6. 第二天价格就又回到了 30 美元/桶附近。

另一方面，为什么价格会如此大幅下跌？

1. 首先，不要说这是西方蓄谋已久的，我们做市场的，不能怨天尤人。

2. 2020 年 2～4 月，市场所有品种都在下跌，商品指数也在下跌，而原油只是其中之一。我们这段时间一直处于悲观的市场情绪中，市场的空头情绪一直在酝酿，随时会爆发。

3. 刚开始的下跌是市场情绪的释放，但一旦下跌到 20 美元/桶以内，一切就都难讲了。大量多头持仓携带着计算好的止损价位进场。而此时的空头也能立刻判断你的止损价位，并且能判断你的止损价位就是你的爆仓线。

4. 多头喜欢把止损设置在近整数位置：10 美元/桶、0.01 美元/桶。

5. 当市场跌到接近 10 美元/桶时，空头的目标瞬间清晰起来。注意，是目标瞬间清晰。如果价格跌到 10 美元/桶，一定会触发大量止损平仓，甚至经纪公司的风控官以更低价格直接平掉。

6. 与此同时，在价格低于 10 美元/桶的时候，又会吸引很多新的多头开新仓，开仓的同时计算好最低 0.01 美元/桶的止损线。

7. 空头的目标更加清晰，就是 0.01 美元/桶，打掉 0.01 美元/桶。

8. 当打掉 0.01 美元/桶这个止损价位时，就失控了，风控官们都在寻找最低的、亏不到公司的价格出场。风控官疯狂地平、平、平，最后发现已经失控了，公司已经亏钱了，那就只能在亏损最小的价格平仓，但价格还在不断地下跌，风控官还在不断地重新挂低价格，最终价格定格在 −40.32 美元/桶。

大部分散户都在反向计算着，并且价格越下跌，越值得买；专业的空头也在计算着，价格越下跌，越值得攻击。假设价格比较高，比如在 50 美元/桶，就不值得往上买，同时往下攻击的路径也太长，无法攻击。

价格越是接近 0.01 美元/桶，买单越多；价格越是接近 0.01 美元/桶，空头的目标越唯一。也许这种情况历史上发生过多次，最终都是买方获得胜利，但这一次却是卖方笑到了最后。很多分析师讲这是西方蓄谋已久，很多人吃了亏就要怪别人。

> 天下皆知美之为美，斯恶已；皆知善之为善，斯不善已。
>
> ——《老子·二章》

我们在等待价格跌到 30 美元/桶以下，这是一个 3 年难遇的机会，想押注，想押重注。当价格跌到 20 美元/桶以下时，这个 3 年难遇的机遇突然演变成 30 年都难得一遇的。当价格跌破 10 美元/桶时，甚至在一瞬间，演变成 100 年难得一遇的，或者讲，历史上就没有出现过这样的机会。这个机会只存在于那个夜晚，那晚的月亮百年不遇，次日的太阳可能照常升起。你该怎么办？

当所有人都发现这是一个之前都没有出现过的机会，此时"恶"瞬间就"共生"了。我们需要这样的案例去深刻理解《老子》。当你对《老子》理解到一定程度时，再去观察事物，就能看到本质。

如果前几节在说最好的止损是无需设置止损，那我们现在探讨最好的就是最坏的，矛盾吗？罗翔在《圆圈正义》中讲的"完美概念"很有启发。

天炉天机

罗翔在《圆圈正义》一书中说，现实中，无论我们用任何仪器都无法画出一个真正完美的圆，但"圆"这个概念本身是客观存在的。如果把理想中完美的"圆"比喻成正义的应然状态，那么现实中所有不完美的圆都是实然状态。对于正义而言，法律追求的是正义的应然状态还是实然状态呢？

书中讲的第三种人是用先进的仪器画圆，如使用圆规。他们会陶醉于自己，觉得自己画的圆太完美了，当不可一世的自恋充满他们的心思意念时，他们就会把自己所画的圆定义为"圆"的标准。如果有人提醒他们，其实还有更完美的圆，他们会把这种意见当成对自己的挑战，因为他们俨然已经是真理的代表。

"无需设置止损"是一个完美的概念。但现实中，当出现了一个无需设置止损的实然状态时，你会有一种错觉，会认为这个是一个理想的应然状态。你会觉得万无一失，尤其是你以往尝到过甜头，你会陶醉于自己，会不可一世地自恋，会认为这一次的"无需止损"就是"做好止损"的标准。你会鲁莽、刚猛，甚至孤注一掷，忘却了要谨慎，要柔和，要恪守。

> 勇于敢则杀，勇于不敢则活。此两者或利或害。天之所恶，孰知其故？
>
> ——《老子·七十三章》

用这句话来解释原油宝事件，非常准确，没有一个多余的字，真让人惊叹。我也不去翻译，我只能说，如果出现了非常完美的事件、百年一遇的大机遇，你要么赚翻了，要么倾家荡产。天机天也恶，没人知道极端后的走向。

所以巴菲特也没有抄在地板。

学完这个案例，我认识到天机天恶。中国人对天的研究还是很有意思的，一会儿说大位天定，一会儿说天妒英才。一会儿说上天有好生之德，一会儿说天若有情天亦老。搞明白了天，就搞明白了天大的事情，就搞明白了所有的事情。天杀的事情就得问天，不要叫苦连天。

老天既"不能"动心，但又"向往"有情，老天越是"向往"，"不能"的反作用力就越大。所以这样解释就都通了。我想到一个词，"天妒天机"。越是天机，越是天妒，天妒得越厉害，一瞬间就爆发了，一瞬间就结束了。

原油宝事件可以规避吗？

- 如果是千载难逢的一个大品种机会，那大概率也会是系统性机会，此次原油下跌的机会归属于 2020 年 2～4 月所有商品的全线下跌行情，正确的操作是：分散持仓多个主要商品。

- 生命形态的杠杆都是和复杂的缓冲组织有机连接，而我们的金融杠杆是非常直接的倍数关系。如果非要用杠杆，尽量选择有期权覆盖的品种，通过买入期权来达到同样的效果。如果重要的品种跌到非常低的价格，那就搞个"跨式"期权吧，市场大涨大跌你都挣钱，此时，跨式期权的内在意义是：天炉天机。但别恋战，也许第二天，价格就瞬间回归。

左 侧 右 侧

我们把前面所讲的内容归纳一下：

- "完美止损"的概念是：无需设置止损。

- 其内在逻辑是：因为价格不可能长期接近或低于成本，所以价格会主动地"逃离成本（价值）边际"。不可知因素是瞬间下跌的"天炉天机"。

以上内容是在左侧交易中的止损要素，再精炼一下：

- 左侧"完美止损"概念是：无需设置止损。

- 左侧"完美止损"逻辑是：逃离价值边际。警惕"天炉天机"。

再来看看右侧交易。我们先提出右侧交易中的止损要素：

- 右侧"完美止损"概念是：清晰设置止损。

- 右侧"完美止损"逻辑是：逃离介质区域。

什么是介质？如何逃离？本书就是围绕这个内容展开的。所以在一开始，我需要先说明什么是介质、什么是逃离。先熟悉表面现象，然后一步一步深入，最后再去阐述为什么会逃离。

如图1-4所示的形态中，出现了一个多重矩形框，这个矩形框是"技术介质"。一个"完美"的"技术介质"，既具备可以清晰设置止损的技术条件，又隐藏了"逃离"的内在意义。

这是沪深300股指期货在2014年的一次H4级别的行情。当时我刚回国不久，在招商期货做片区经理，当时和客户交流基本用QQ，这个是一个实盘跟踪指导。这次指导算是蒙对了，收获了一批粉丝。虽然结果是好的，但以我当时的认知水平很难讲出其中的道理。图1-5是复盘后的截图，看得更清楚一些。

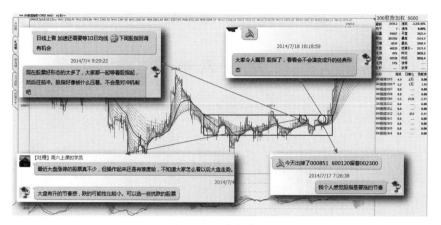

图1-4 技术介质

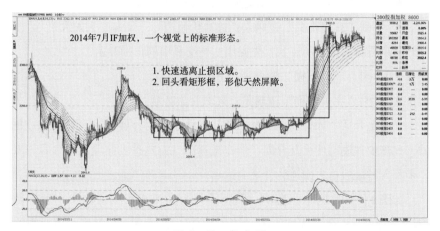

图1-5 复盘图

　　下面的案例是在新西兰做保证金交易时，对服务商的交流指导，当时"新加坡元/日元"周级别的形态已经非常容易识别，我在2012年底尝试买入，但仅仅持有一周就卖出了。当时我的水平是拿不住单子的，账面上有了浮盈就不舒服，就着急忙慌地落袋为安。

　　2013年1月，索罗斯宣布买入3000万美元的反向敲出期权，最终狂赚10亿美元（见图1-6）。相比之下，我肃然起敬。

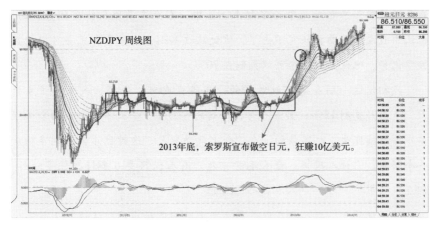

图 1-6 2013 年日元对其他币种贬值

在这两个案例中，我们看到了矩形框，矩形框是我们的"技术介质"之一。围绕矩形框，你也可以清晰地设置止损线。

坊间流传着一句话："学习技术分析是为了走出技术分析。"但不要胡乱地走出。技术面分析终究是"术"；在术的层面上，你不要谈境界，只能谈逻辑，或概率游戏。我们第二章"混沌介质、隐情浮现"中会讲述"技术介质"的内在意义，在第四章"指趋说逝、趋趋不逝"中讲述"技术介质"和整体的关系。"技术介质"是我们走出技术面的载体。

在这个时候，我们的交易往往出现了两个方向：一个是精密逻辑，也可以叫概率论，最终发展成为程序化；另一个是提高认知境界，术与道相结合。我在 2012 年时写下了这样一篇文章，当时我并不能说出什么是"道"，也并不能发现"技术介质"，但至少在那个时候我能够指出：概率论不是最优方向。

文章的题目是《谈谈个人对概率优势的感悟》，简称《概率优势》，这也是我在 2012 年达到的认知水平。

概率优势

我曾经和那几个一起在争吵中成长的朋友分析过一些高效形态。他们在看过这些形态之后又争论了起来，其中一个朋友是坚持概率优势论的。他认为我没有必要再研究下去了，他说从这些形态上来看，完全可以把握概率优势，他认为成功率可以控制在70%。

我相信这个朋友是可以做到的，其实我也可以做到，我坚持了4个月，平均月复利15%，第五个月把挣到的亏回去了一大半，所谓的弱势概率事件连续发生，扛不住的，在信念上就动摇了。这时你才会感到市场是一个深渊，它让人恐惧，让人毛骨悚然。有人说只要心态好扛住了就行，但在市场中被"爆"的人都是心态好的。

搞投机的大多数人都在这条路上来来回回进场出场，从逻辑上挑不出什么毛病。20世纪末，名噪一时的美国长期资本管理公司依靠这种模式创造了几年的辉煌，凭借的是强大的计算机分析。不料小概率事件连续发生，管理层心态失衡，连续做出低级错误决策，公司也在几个月内濒临破产。这是为什么？为什么逻辑认识和实践结果有如此巨大的偏差？

当年美国长期资本管理公司的管理层可谓精英汇聚，但在最后几个月中，他们输掉了名声，输掉了荣誉，输掉了拥护者的信任，人性的弱点被毫无保留地暴露在世人面前。追求概率优势是对人性的极大考验，使用者要保持长期超理智的状态和行为。反正我做不到，精英管理层也做不到，但不乏有人真的能做到。

我是因为尝试过了，才知道为什么我自己做不到。从整体上来讲，做到盈利了，但某种人生信念却动摇了。有人讲，你不是还是挣了一小半吗。从逻辑上讲是对的，但是最后一个月过得极其不开心，不是因为输钱沮丧，是因为内在被未知束缚住了，感觉像走进一个未知的死亡空间。

在这个没有生机的空间里，一切盈利都会变得不开心，一切亏损都会变得不上心，一切都是机械的（很多人赞美这种机械性）。似乎每一次机会都要把握，因为你不知道你错过的是不是大突破。遇到好的机会，因不敢做长而悔恨；遇到不好的机会，因不甘做短而亏损。

这个时候人没有选择，日复一日地这样机械着，直到遭遇连续亏损才突然警醒。市场不是机械的，市场是一个生命体，它可能没有逻辑，但却是有韵律的，你要用一种正确的方式去感受。不要在那里选择，要学会接受。

从大方向看，人人都能理解投机是技术，更是艺术。而概率优势的本质就是在数量中寻找质量，整体保持优势，这跟艺术沾不上半点儿关系。你见过哪位艺术大师是从数量中找质量的？艺术大师要么不做，一旦决定去做，那就是质量。

我们看艺术，看一幅画。如何评价一幅画？是看它的线条的堆积原理、颜色的搭配方案？不，画是画出来的，不是程序做出来的。画的美绝对大于内部所有的线条颜色美之和，这就是画的价值。我们追求概率优势的时候，得到的反而是比较缺乏价值的东西。

"画"就是对市场全然的感观。如果你盯着市场构成的品种图进行一种概率优势分析，而错过了对全然的感观，那是很不值得的。追求概率优势，必然会因不敢做长而悔恨，因不甘做短而亏损。

然而追求概率优势的朋友会辩解，我们追求的是在资金管理上的艺术。我们在整体情况好的时候仓位就大一些，在整体情况弱的时候仓位就小一些。其中的"对整体情况的辨别"，其实已经是从感悟中获得的某种依据。依据不一定是逻辑上的，只要是人能把握的、在经验上具有某种可靠性的，都可以叫依据。

其实在操作的时候，有些人会情不自禁地从成功的实例中寻找条件的相关性，一点点接近某些能把握的前提条件。通过日积月累的长期过程，慢慢总结出某些经验。比如：

- 这次的前提条件甚好，感觉十拿九稳，那就入场吧。
- 有的时候在做与不做之间徘徊，不突破庆幸，突破了遗憾。

随着经验的持续积累，第一种情况越来越多，第二种情况自然也就变得释然。巴菲特建议一辈子投资20次就够了，这可不是一般人能理解的境界。他经常举的例子就是打棒球，机会失去不可怕，十拿九稳时再出击。但无论如何，这其中肯定是有某种大致判定依据。

追求概率优势是你交易生涯的必经阶段，但不是终点。希望大家能够较快地越过这个阶段，最好不要太执着于这个阶段。

痒死我了

鸟儿叫为什么好听？你不敢说你能听得懂鸟儿叫，但又不能说鸟儿叫不好听。我还是苦恼，我不能准确地表达那是什么，那个很美妙却虚无的东西，一直在挠我痒痒，痒死我了。

我还是想写点儿什么，希望能够接近，希望能够止痒，于是我在2012年又写下了这篇题为《波海无形，诗情画意，柔声倾诉，心中有你》的文章，简称《柔声倾诉》吧。

柔声倾诉

首先，提出一个问题，为什么要找"规律"？答案很简单，因为我们的逻辑要依靠"规律"，这样大脑才能体现作用。因为我担心陷入"规律"存在与否的争论之中，于是转向另一个层面，那就是不依靠"规律"能不能挣钱？如果不依靠"规律"也能挣钱，那么对"规律"存在与否的争辩就无足轻重了。

我们还是从我与网友探讨"诗情画意"的例子开始吧，这个例子出自奥修，我用它来会意市场。

当我们诵诗的时候，看到的是字，每个字是有意义的。当诗的意义大于其中所有单字的意义之和，这时的诗才起作用。诗的作用是什么？感情交流，一种无形的相会。

当我们赏画的时候，看到的是线条和颜色，每一笔线条和颜色是有意义的。当画的意义大于其中所有线条颜色意义之和，这时的画才起作用。画的作用是什么？感情交流，一种无形的相会。

无形是如何相会的？无形是通过有形的介质相会的。人的视觉的"有"和字的显像"有"是可以接触和被接触的介质。字与字的"间隙"

是诗的"无"，人的"感情"是人的"无"，那么诗的"无"便通过双方介质的接触，流入人的"无"中，作用于人的感情。

我们应该放弃头脑，放弃思辨，让诗意流入我们的全身，让诗跨过大脑的阻隔，而完全地作用于我们的内心。此时我们会激动，或伤感，或澎湃，这便是诗的真意。如果在这个过程中，我们思辨这首诗要表达的意义，我们可能就错过了意义。

我们不能讲诗情画意是有规律的，没有规律的就没有意义吗？没有规律就不能把握吗？人非要依靠逻辑才能有所作为吗？

当我们在欧元兑美元（EURUSD）的波动中辨别出一个形态或其他什么依据，这就是我们能辨别的一个"字"。字的意义是离散的，也就是一个字可以有很多种意思，在不同的语境中才有一个确定的意思。如果只依靠这个"字"去解"自己"的意思，可以讲有很大的不确定性。

当我们发现欧元兑加元（EURCAD）、欧元兑瑞士法郎（EURCHF）、欧元兑澳元（EURAUD）、欧元兑日元（EURJPY）同时存在并能识别出某种形态时，那么这便是一种 EUR（欧元）的氛围，这个氛围是无形的。"字"与"字"的联系构成的 EUR 的氛围可以表达 EUR 氛围的作用力和作用方向。在这个氛围中入场以上任何品种都可以。

当我们发现美元兑加元（USDCAD）、美元兑瑞士法郎（USDCHF）、美元兑澳元（AUDUSD）、美元兑日元（USDJPY）同时存在并能识别出某种形态时，那么这便是一种 USD 的氛围，这个氛围也是无形的。在这个氛围中入场以上任何品种都可以。

所以任何一个汇市品种都可能存在两个作用方。那么这两个作用方的氛围的意义，必将大于其中所有品种单独的意义，这时的氛围具有无形的作用力度。

那我就谈谈我的资金管理方式。有的时候我被市场氛围感动了，就小入一笔；如果我被市场表现出来的氛围感动得不行了，就大入一笔。就是这样了。

虽然我讲得轻描淡写，但实际上对于氛围的培养可谓历经艰辛。我花了好几年去认知可以感悟氛围的形态，再从相关品种形态上把握氛围。要看日级别（DAY）、4小时级别（H4）的形态，只有较大级别的形态才能包含氛围。

了解了氛围，你便会对于一张图的技术理论失去兴趣。我把这种图形关联技术叫作氛围理论。

技术介质

以上两篇文章，是我九年前的认知水平。我认准了那个方向，但又在门口徘徊，徘徊了很多年，终于敢说：鸟儿叫，真好听，我也听懂了一些。

上士闻道，勤而行之；中士闻道，若存若亡；下士闻道，大笑之。不笑不足以为道。

——《老子·四十一章》

可以肯定的是，我不是下士。可能我的资质是个中上士，这么多年来既"若存若亡"，又"勤而行之"。终于有一天，我感觉摸着门框了。我当时隐隐约约地感觉到，我们的文字是象形的，几个字的组合，可以是句子，也可以是诗歌。你看到的是字，得到的是字与字的间距。

打个比方：千里共婵娟。你我相隔千里，共赏同一轮皎洁的明月。你我相隔百年，共赏的还是那轮皎洁的明月。五个字，跨越了千里与百年，同一轮月亮印证同一种向往，同一轮皎洁印证同一种信仰。从跨越时空的角度来说，我们也许可以从量子物理的字与字的间距中找到印证。

诗歌是文字的有序态，这个有序态传达着看不见的东西。

技术形态就像文字一样，也许大部分时间都是杂乱的"有"。当波动到某些时候，这个"有"变得有序起来，看上去美好起来。"有"在"有"的世界变得有序。这个有序的背后存在"东西"。至此，我们就可以建立技术分析的方法论了，确切地讲，这已经不再是技术分析了，而是一种全新视角的看图分析。一是找到"有"的有序态；二是在有序态中发现"东西"。

再精炼一下就是：发现技术介质，并观察"隐情"。

● 有序态是美的，但不是规律的，所以不能在"有"的世界说：我发现了秩序。

● 我们可以说通过有序态观察"隐秩序"，叫"隐秩序"也是不恰当的，说观察"隐情"更为合适。但我这里写"隐秩序"是为了提醒大家，如果你非要说这个世界存在"秩序"，那么最好讲存在"隐秩序"，以免被纳入"下士闻道"的范畴。

到目前为止，我们围绕止损的探讨告一段落，下面讲讲如何做好趋势，看看会引起怎样的探讨。

"韭菜"聚会

很多分析师、操盘手、评论员在公开场合大肆宣讲，我们不要贪头贪尾，我们要中间的。我们好砍头砍尾做趋势，我们要吃掉60％的行情。当我们不贪尾的时候，结果股票疯涨了，你踏了个大空；当我们不贪头的时候，结果这个头就是全部行情，你做进去就被深深套牢。每当看这些分析师和一群散户激烈讨论时，我仿佛看见一茬茬"韭菜"在讨论谁更好吃。

当我们发现一个趋势的时候，这波行情可能就已经快结束了，如何再吃掉60％？还是那句话，这个问题讨论了100年，也没有答案。在"有"的一面找答案，你再找100年还是找不到，还会把自己搞迷茫了，在"有"的一面特别"专业"，自己的"无"却无处安放。

那么如何做好趋势呢？

下面是一些网友和大师的经验，是经验，是描述，不是答案。看看我们能得到什么启发。

大 师 描 述

对于很难解释的东西，大师的方式往往是描述，举个例子，讲个故事。

巴菲特关于趋势的著名比喻：

- 有一种动物叫旅鼠，繁殖快，喜迁徙。

- 最开始，小群的旅鼠会避开人群和村庄。

- 但是随着这群旅鼠的数量越来越多，"队伍"越来越壮大。

- 它们就变得很有攻击性，横扫农田村落，势不可挡。

- 最后，庞大的旅鼠大军跑到海边的悬崖上，像瀑布一样堕入大海。

- 前面的旅鼠看见了悬崖想往后退，却被后面蜂拥而至的同类硬生生地推下海去。

- 就这样，只有最后面的一小批旅鼠可以存活下来，开始下一个循环。

索罗斯把趋势分为以下七个阶段：

1. 走势不明朗，难以判断方向；

2. 开始出现上升方向，并不断地"自我加强"；

3. 成功地经受住市场的考验；

4. 市场对于趋势的确信程度不断增强；

5. 在市场的追捧下，严重偏离实际内在价值；

6. 继续疯狂上涨，直到令人眩晕的巅峰；

7. 大崩溃，并出现向下"自我加强"过程。

网 友 观 点

1. 普遍情况。

趋势就是80%的人看出是趋势时，就是快到反弹时和趋势结束时。

80%的人这时进场不是抢反弹，就是跟势。后果多数是受煎熬，平手或砍仓。

2. 本质探讨。

股票市场到底有没有趋势？如果有，趋势从哪里来？我觉得如果对市场的本质进行探究的话，这应该是个突破口吧。一旦市场上一种主导的看法形成之后，那么市场自我推进的机制便开始生效，股票价格就会出现阶段性持续上扬或下跌或盘整。体现在价格走势上，就是所谓的趋势。

市场上往往充斥着过度行为，并容易走向极端。随波逐流于市场趋势的人越多，趋势就越容易延续并强化。有时候，市场价格已经不仅仅是基本面的反映，其自身已经成为一种基本面而影响到价格的波动。

3. 技术拐点。

• 什么是趋势？趋势是某一个时间和某一个空间碰撞下产生的市场方向的选择。

• 怎么做趋势？找焦点（时间和空间的碰撞点）、看方向（碰撞后的方向选择），当然只做向上的。

4. 故弄玄虚。

下面的文字摘自《一年的时间从2万到30万》一文。

我反复尝试了许多方法，什么技术都灵，又什么技术都不灵。我现在认为，所有的技术都是趋势的技术，是一种最高境界的理念的发挥。唯有达到这最高境界，对趋势的感觉心中自有一番体悟才行，否则，什么技术都无用。它不是对现象的解释，是心的领悟。

由此，我选择了平均线作为了解内在东西的窗口，从它的运动我推测出内在的东西，然后又推理内在东西的发展，并用平均线证明。当然平均线是主要的，其次是趋势线，第三项工具就是实时成交的盘感。我的工具只有这么多，没有再多的东西了。中心只有一个，就是趋势的理念。这个理念我不会轻易与人深谈，许多的经典书里也不会轻易讲这个。它是所有成功者的秘密。

趋 势 元 素

表 1－1 中所示的观点谁对谁错？全都对，各位讲的都是趋势的特征。我们也不可能按照传统的方式去讲清楚趋势。假设趋势能被普遍讲清楚了，那么大家就都知道趋势了，就又会发生"妒天机"。

表 1－1　　　　　　　　大师和网友对趋势的观点

	趋势："元素"
巴菲特	队伍、越来越、壮大、势不可挡
索罗斯	不断地"自我加强"、疯狂上涨
网友的观点（1）	大部分人、发现即结束、抢反弹、跟势、平手或砍
网友的观点（2）	自我推进的机制、趋势本身就是基本面
网友的观点（3）	找焦点、看方向（碰撞后的方向的选择）
网友的观点（4）	内在东西的发展、用均线证明

所以，在这里，我一定把这个话讲清楚。大部分人会进行预期，预期在"有"的一面理解趋势，这个是不可能的。如果你执着于"有"的一面，我只能把这种执着纳入"下士闻道"。我这本书，费尽心力，就是想办法把你拽入"介质"这扇门，进了门，就不能以传统的方式看形态了。

也许你看见的比我多，也许你看见的比我少。也许你通过我的启发，有更好的方式来表达这一切，那我也算是贡献了一些东西，也不枉此生了。

表 1－2 大致概括了大师们和网友们对趋势的解读，大家可以从表中去发现近似的对趋势的表述方式。我们将在第二章讲"技术介质"，之前我们看到的矩形框是其中一种"技术介质"。但如果只看"技术介质"，你会发现：

- 当你发现一个非常好的"技术介质"时，有可能并不能加速。

- 当你发现一个不太好的"技术介质"时，有可能就是急剧的加速。

表1-2　　　　　　　　大师和网友对趋势的解读

	趋势："元素"	解析	内在意义	对应的章节	最终目的
网友的观点（1）	大部分人、发现即结束、抢反弹、跟势、平手或砍	发现趋势，实则"趋逝"	发现趋势，实则减速	第四章	发现"技术介质"，判断未来是加速还是减速
巴菲特	队伍、越来越、壮大、势不可挡	自我增大，自我增强	发现趋势，开始	第四章	
索罗斯	不断地"自我加强"、疯狂上涨	自我增强，趋势加速			
网友的观点（2）	自我推进的机制、趋势本身就是基本面	自我增强，加速内因			
网友的观点（3）	找焦点，看方向（碰撞后的方向的选择）	盘整突破	发现盘整，突破加速	第二章	
网友的观点（4）	内在东西的发展、用均线证明	技术原理	技术介质，使用方法	第二章	

　　当我们发现了一个"技术介质"时，更需要判断这个技术介质有没有关联"无形"的东西，而这个"无形"的东西又依附于所有相关的"有形"的"技术介质"，这是本书第四章要讨论的内容。

　　可以尝试理解《老子》中的相关文字：

- 有之以为利，无之以为用。

- 常无欲也，以观其妙；常有欲也，以观其徼。

- 道生之，德畜之，物形之，势成之。是以万物莫不尊道而贵德。

- 道之为物，惟恍惟惚。惚兮恍兮，其中有象；恍兮惚兮，其中有物；窈兮冥兮，其中有精。其精甚真，其中有信。

　　《老子》中的每一句话，都不是那么容易理解。我们不要从字面上去翻译。《老子》是启发，是引导，是激起，不是翻译；如果你想通过翻译去悟道，那么你越是翻译，越是错过。你需要有一些人生经验，需要一些悟性，需要在一个领域达到一定的积累，需要有目的的思维训练，才有可能摸到门。

下面剩下最后一个内容：如何做好离场？有了前面两个"如何"的铺垫，下面不会讲太多。

捂 在 不 悟

杰西·利弗莫尔（Jesse Livermore）认为：我们要捂住。

"我之所以挣大钱，从来不是凭我的作为，而是始终凭我的无为。明白吗？凭我的耐心坚守。正确判断市场方向，其实没有什么奥妙可言。你总是发现很多人在牛市早期便已经看多，在熊市早期便已经看空。我认识许多人，他们都有能力精准把握时机并正确行动，当价格恰恰处在有潜力造就巨额利润之处时，便开始买进或卖出。然而，他们的经历总是和我同出一辙——也就是说，他们都没有从中实现真正算数的利润。既能够正确判断，又能够耐心坚守，这样的人凤毛麟角。我发现，这属于最难学会的内容之一，但是，作为一名股票作手，只有牢牢掌握这一点之后，才能赚大钱。对一名交易者来说，真正学会交易后赢得百万美元，比他在懵里懵懂的日子要挣几百美元还容易。'会者不难，难者不会'，千真万确。"[1]

利弗莫尔被尊为投机的祖师爷，我很佩服他提出价格沿着阻力最小的途径移动。若干年后，1963 年，美国气象学家爱德华·洛伦兹（Edward Norton Lorenz）提出混沌理论，其中混沌第一原则是：能量永远会遵循阻力最小的途径。

我曾经把自己的头像换成利弗莫尔，也开始尝试去捂住。从 2015 年开始，工作日照常上班，所有人也都没有看出来，我持有一些股票，我在使劲地捂。几只股票捂了几年，其中两个 ST 了，也就是说从股价 20 元开

---

① 埃德温·勒费弗：《股票大作手回忆录》，丁圣元译，凤凰出版社 2012 年版。

始捂到了 4 元。经过两年的时间，我体会到这不是捂股，而是捂自己，拼了命地捂自己，快把自己捂死的时候，我顿悟了。

我们不能一味地捂，捂的里面，还应该有什么东西？如果你不知道那个东西，你最终作用的是自己。你会成为一个"捂得住"专家。和之前一样，继"止损专家""趋势专家"之后，你又一次被冠名为"捂住专家"。如果你因为成为专家而高兴，那也没有问题，你会收到掌声，你会收到尊重。

如果你因某次的捂住而赚到了大钱，我也不知道这是老天在帮你还是在害你，我不知道你未来的路会是怎样。强如利弗莫尔最终都输光了所有的钱，更可怕的是，你迟早会绷不住。大喜大悲，反反复复，人聚人散，世态炎凉，最终的结果会不会像利弗莫尔那样长期充满矛盾，精神抑郁，饮弹自尽，也许都不是偶然。

我在一开始选择了这条路。我当时仅仅认为这就是一条路，却从没想到过这是一条这样的路。我这一路走到现在，还活着，每一年都还有提升。现在看看一路走来的自己，还活着，没被反噬，就是有如天助。我的生命中也有个大天使全方面地照顾着我，使得我能安心去做自己的选择，我在市场之外，几乎没有受过太大的苦。

长 短 相 捂

杰西·利弗莫尔认为：要长时间地捂住。也就是说，我们要尽可能不离场。而我们讲到现在，无论是做好止损概念，还是做好趋势概念，强调的都是要做加速。直观上理解，就是在相对较短的时间里获得较大的价格位移，这也叫"做短"。到底是做短，还是捂长？

坊间有一句话：入场是徒弟，离场才是师傅。但现实情况是，有的人入行 3 年就当师傅了，有的人做了 20 年还是徒弟。换句话讲，有的人入行 3 年，就知道"活"的方向了；有的人折腾了 20 年，越做越"死"。为什么？也许是不相信老天，所以天不能助。我在 26 岁时就开始问道，就是每天和天聊聊天。因为天能住，所以天才能助。

我们来试试理解这个：长就是短。时间，本就是感受。

我们从《股市作手回忆录》中去窥探，杰西·利弗莫尔的捂长，最长也不到半年时间。但这个半年对巴菲特来讲就是做短了。巴菲特认为，持有一只股票的时间是"永远"。假设，甲以周级别看股票，看到的是突破，而乙以时级别看股票，看到的是趋势，那么相对于同样一段行情，甲认为是做短，而乙则会认为是捂长（见图1-7）。

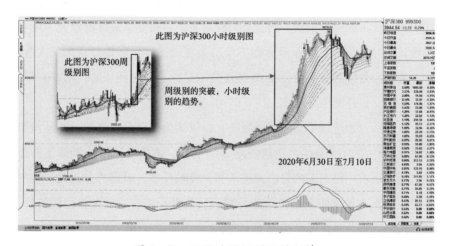

图1-7 不同时间级别下的行情

所以不能单一地去捂住，而是"长短相捂"。《老子》中出现过"长短相形"这四个字，让人惊叹。

但事情还没完，我开始在周级别、月级别寻找可以快速突破的大势，我找到了，也做到了，也许刚突破一周我就赚到钱了。但这个时候，老毛病又犯了，又想落袋为安了，又开始"捂不住"了。但我是欣喜的，这种感觉是对的。以往是在不需要捂的时候瞎捂，现在是在需要捂的时候去"相捂"。

以前是捂自己，现在是捂长短。不要去捂股，而是在系统性全面上涨的行情中捂长短。虽然利弗莫尔也讲过，要做不可避免的大势，但又不能

"捂大势"。大势在月级别就是一根线，酝酿了几年，突破只需要一两个月，此时，你再捂几个月就麻烦了。所以利弗莫尔的最后一次失败，就是因为开始大赚，后来大赔，这也是他人生三起三落的最后一次。他在自杀之前还拥有可以东山再起的资产。他为什么要自杀？有人说是抑郁。为什么会抑郁？后人还需警醒。

酝酿了几年的行情，快速突破，1~3根月线就结束了。从月级别看，不能捂。从日级别看，必须捂。这个就是"长短相捂"。

小 心 发 问

如何做好止损？如何做好趋势？如何做好离场？

- 在"逃离止损"中做好止损。
- 在"趋趋不逝"中做好趋势。
- 在"捂不能捂"中做好离场。

你可以问，你要向内问，是"里面的那个反对它的东西"在起作用，这样才是有生命力的，你的朝向才有可能是对的。大多数人的交易是"有始无终"的，我们这本书要指出这个朝向，我们可以逐步融入这个朝向。

多提一句，在这条路上，多问自己，少问别人。你想让别人指条路，要先了解这个人，看看这个人会不会聊"天"。多领悟《老子》，或许看了这本书之后，你也会聊"天"了，你就有能力判断对方会不会聊"天"，这个人对你最大的帮助，应该是启发你去聊"天"。"天"不同，就不要在一起聊天，以免别人给你"改天换地"。

尽可能坚守自己的位置，再去发问，因为你问的问题很有可能暴露自己的认知水平，也就间接存在暴露自己口袋的风险。不要认为高高在上的人就是高人，这个世界处处都是"韭菜"，他是"大韭菜"的可能性更大。有人说：聪明人吃老实人；天吃聪明人；老实人吃天。不知道这是不是安抚老实人的话。

但这个市场好像是这样的："大韭菜"割"小韭菜"，"天"割所有。

我们开始都是"小韭菜"，防人割，防天割，先学会不被割，就要学会与天同步（同其尘，和其光），慢慢来，先学会少交点学费，未来才有无限的可能。

归 之 若 流

从第二章开始，我们将逐步进入系统性认知。放下一些以往的标准，放下语言标准，放下专家偏好，我们从反向开始，归之若流。

这不是我第一次公开发表文字。以前在论坛上，我喜欢写一些东西，改了又改，生怕别人看不出我的高深，所以花了很多时间去修饰；再后来沉迷于《老子》，但凡说点什么，都要引经据典，搞得自己的行为和语言都有点儿不正常。在文字上，这本书我也不想太花心思组织语言，会融合一些自己的语言特征。

我在高中时有点儿偏科，每次语文课几乎都是戳在最后一排想入非非，我也是语文老师的重点嫌弃对象。我在表达方式上，可能会有不符合高中标准的地方。我在这个方面老是被人诟病，但这也没有什么大不了的，研究表明，就算汉字颠倒顺序人们也能读懂。所以去他的标准，如果都按照标准来，我也没有写这本书的必要了。

还有一些人对我的观点是深恶痛绝的。比如，我强调"大道至简"这四个字是极易误导大众的，《老子》里面也没有"大道至简"这种说法。又比如，我认为不能在这个领域的初级阶段去谈"知行合一"。很多所谓的专家鼓吹自己可以做到"大道至简"，可以"知行合一"，也极易对他人产生误导。

在这个领域，很多人终其一生都在追求"大道至简"，或"知行合一"。我们面临的最大的难题是"第一因"。几乎没人敢说自己知"道"了，但很多人却说自己可以做到"大道至简"；几乎没人敢说自己"全知"了，但很多人却说自己可以"知行合一"。如果你不能达到"全知"，那就存在偏见，你强迫"知行合一"的结果就是必然的偏行。

两千多年前就有《老子》了。据考证，《老子》实际上也不是老子一人所编著，它是两千多年前华夏古人智慧的集大成。我不可能有什么新发现，我唯一能做的，就是做好"传话筒"，做好华夏先贤在这个领域的"传话筒"，研究传话的方式，研究传话的介质，研究传话的内容，仅此而已。但我觉得这是值得花毕生精力去做的事情。

我不愿意去解释"道"，我想做的是，在类似"道"的市场里，探讨如何体会"道"、如何经历"道"，在体会和经历的过程中，感知"道"。体会和经历是一个流程，"道"的运作方式也是周而复始的，所以我们要从反方向开始进入，再"逃离反方向"，逃之又逃，逃无可逃，也就"归之若流"了。

第二章
混沌介质、隐情浮现

我讲技术，也依靠指标，但又不是传统的技术思维。我讲的是指标形态。形态就是你看到的"像"。我们的文字是象形的，几个字的组合，可以是句子，可以是诗歌。你看到的是字，得到的是字与字的间距。

五个字，千里共婵娟。你我相隔千里，共赏同一轮皎洁的明月。你我相隔百年，共赏的还是那轮皎洁的明月。五个字，跨越了千里与百年，同一轮月亮印证同一种向往，同一轮皎洁印证同一种信仰。从跨越时空的角度来说，量子物理也许可以从字与字的间距中找到印证。

这一章，我会详细介绍一种分析工具："形线"。我不能说我是发明者，这个领域没有新鲜事物，没有什么是我发明的。我只是发现了这种表达方式，一种可以把技术和理论结合起来的表达方式，但归根到底，它也只能归属于技术的范畴，顶多算是道术。

如果说技术形态是我们的介质，是我们的月，那么在第二章我们"共月"，在第三章我们提高一下认知境界，在第四章我们"共皎洁"。

自 我 相 似

我们继续分析一下上一章的表 1-2。在这里，我们将需要突出的内容变成了黑体字，如表 2-1 所示。

表2－1　　　　　　　大师和网友对趋势的解读

	趋势："元素"	解析	内在意义	对应的章节	最终目的
网友的观点（1）	大部分人、发现即结束、抢反弹、跟势、平手或砍	发现趋势，实则"趋迟"	发现趋势，实则减速	第四章	发现"技术介质"，判断未来是加速还是减速
巴菲特	队伍、**越来越**、壮大、势不可挡	**自我增大，自我增强**	发现趋势，开始	第四章	
索罗斯	不断地"自我加强"、疯狂上涨	**自我增强，趋势加速**			
网友的观点（2）	**自我推进**的机制、趋势本身就是基本面	**自我增强，加速内因**			
网友的观点（3）	找焦点，看方向（碰撞后的方向的选择）	盘整突破	发现盘整，突破加速	第二章	
网友的观点（4）	内在东西的发展、用均线证明	技术原理	技术介质，使用方法	第二章	

　　黑体字：自我增大、自我增强、自我推进。什么是自我？这不是一个简单的问题，而是个哲学问题，但我不想通过哲学的范式去回答这个问题。我需要的是能够应用的东西，你可以抽象，但必须能应用，这样才值得探讨下去。

　　我找尽了方法论，曾经一度想到了索罗斯的"反身性"，并尝试在"反身性"中找到可以应用的"自我"。但最终，我选择了混沌理论，混沌理论中的分形理论，涉及"自"，叫作"自相似"。我们下面来看看混沌理论。好可怕的名字，我时刻警惕着，不要让这个理论把自己搞得混混沌沌的。

混混沌沌

　　1972年，美国麻省理工学院教授、混沌学开创人之一洛伦兹在美国科学发展学会第 139 次会议上发表了题为《蝴蝶效应》的论文。在这篇论文中，该教授发表了惊人之论："巴西的亚马孙丛林中一只蝴蝶轻轻地扇动几下翅膀，就会在美国的得克萨斯州掀起一场龙卷风。"蝴蝶效应真有这么大的威力？这位教授是在开玩笑吗？

西方流传的一首民谣说："丢失一颗钉子，坏了一只蹄铁；坏了一只蹄铁，折了一匹战马；折了一匹战马，伤了一位骑士；伤了一位骑士，输了一场战斗；输了一场战斗，亡了一个帝国。"你看，丢失一颗小小的钉子竟然造成整个帝国的灭亡，这个结果丝毫不亚于蝴蝶扇动翅膀造成一场飓风的"蝴蝶效应"。

网友们还为蝴蝶效应虚写了一个段子《一根棍子引发的蝴蝶效应》：

- 如果潘金莲当时没有开窗，她就不会遇到西门庆。

- 如果潘金莲没有遇到西门庆，那么就不会出轨，那样武松就不会为武大郎报仇而杀嫂，这样武松就不会被逼上梁山。

- 如果武松不上梁山，宋江和方腊的战役中，方腊就不会被武松擒住。

- 如果武松没有擒住方腊，枭雄方腊就可能取得大宋的江山。

- 如果方腊取得了大宋的江山，就不会有靖康耻，不会有金兵入关。

- 如果金兵不入关，就不会有元朝，也没有后来的明朝，更没有后来的清朝。

- 如果没有清朝，当然也不会有后来的慈禧太后，没有闭关锁国。

- 没有以上这些事件，中国说不定凭借五千年的历史文化首先成为发达国家。

- 你看看，这就是女人能翻整个天，而不是半边天了。

- 当然，"蝴蝶效应"会产生两种结果：好的结果与不好结果。为了得到好的"蝴蝶效应"，我们行事应该慎之又慎，免得不利事项出现。

- 回过头来看后面那是历史，是无法改变的，现实中因为一句话丢功名、一次冲动造成无法挽回的损失之类的事例不胜枚举。这都可归结为"蝴蝶效应"。所以"蝴蝶效应"是一个十分厉害的世间因果定律。看官你怎么看呢。

我是怎么看的？我从小到大见到过那么多蝴蝶、蜻蜓、苍蝇、蚊子、知了……哪个引发飓风啦？就算是用世界上功率最大的鼓风机在亚马孙丛林中吹风，我也不信得克萨斯州会因此而产生一丝风。如果蝴蝶振翅能引发飓风，那你养几只蝴蝶吧，新能源发电就靠你了。

蝴蝶振翅引发飓风？没基本常识吗？但人们愿意相信这样的论调，人们不愿意听常识，只愿意听新鲜事。相信的人多了，就产生了效应。所以在人类社会中蝴蝶效应是真实存在的。要警惕人类社会里的那只不怀好意的"蝴蝶"，因为他很会振翅，在那里煽动。

蝴蝶效应不是逻辑推导，如果把他理解成逻辑推导，那就是误导，有煽动倾向。蝴蝶效应本质上是启示，启示什么呢？所有事物都在一个巨大的能量体当中互相关联，当这个能量体共振时，最小的能量级和最大的能量级同频运动。但我们容易发现并精确观测那个有形的小物体，却不太容易发现和把控那只无形的大象。所以感官上，好像是小物体造成了大运动。这就是蝴蝶效应的启示。

所以，你不要从逻辑的角度去讲蝴蝶效应，而是要从启示的角度去讲蝴蝶效应。一个真正懂混沌理论的人是不会讲自己懂混沌理论的，而一个不懂混沌理论的人却随时随地讲蝴蝶效应。混沌理论名气大了，专家都来揩油。有很多既不懂市场也不懂混沌的研究生、博士生，用数学公式和不相干的金融数据互相堆砌，凑成论文。我当时就觉得，这些学生也太坏了，他们就是在赌，赌老师看不懂。

我也讲混沌和分形，但我不会去讲其中的理论部分，因为我也不喜欢那些数学公式，我也不想搞懂那些数学公式，那些能搞懂数学公式的人也没能在市场中立起来。所以不是要搞懂混沌理论，而是要通过混沌理论去获得启发。

就像我看了一些量子理论的科普视频后，我就去猜想，宇宙大爆炸的一瞬间，会有一个观察者在旁边看着，所以才会有现在的物质世界；如果没有那个观察者，那么就只有能量。这样就启发我去想象：那个观察者现在还在吗？他是无处不在的吗？近几年，有些学者又开始蠢蠢欲动，想搞出量子和市场结合的东西。

你不要用学术思维去研究"道"，就那 5000 个字，你用数学、用计算机去研究它，它只会离你更远。就像理财一样，你的"道理"在哪里？如果没有"道理"，就别理财，你不理财，财不离开你。《老子》只会激起你对那个方向的思考。你在股市里面朝着那个方向历练，所得到的"道"，就是你修出来的"股道"。然后就可以启发式地写一些东西，看看这些东西能不能首先激发你更深层次的思考，能不能激起更多的人对那个方向的思考。

所以每当我提出混沌理论的时候，我就怕误导别人，因为我也被误导过，还好我自己当时已经具备迷途知返的能力。下面简单展示一下混沌理论最常规的"样子"，这样就足够了。

混 沌 分 形

混沌和分形的关系如下：

- 混沌系统具有分形的特性，也就是说分形方法能够拿来分析混沌系统。

- 有的混沌学家说，混沌是时间上的分形，而分形是时间上的混沌。

- 分形是组成部分以某种方式与整体相似的形，它研究的对象是具有"自相似"的无序系统。

混沌理论发展特征的三个原则如下：

1. 能量永远会遵循阻力最小的途径流动。

2. 始终存在着通常不可见的根本结构，这个结构决定阻力最小的途径。

3. 这种始终存在而通常不可见的根本结构，不仅可以被发现，而且可以被改变。

我们看分形，只需要看到"自相似"。

故弄玄虚

2010 年以前，网上流传着一篇网文：《一年的时间从 2 万到 30 万》，这篇文章的第二节"趋势理念是最重要的"很有意思，引述如下：

> 我反复尝试了许多方法，什么技术都灵，又什么技术都不灵。我现在认为，所有的技术都是趋势的技术，是一种最高境界的理念的发挥。唯有达到这最高境界，对趋势的感觉心中自有一番体悟才行，否则，什么技术都无用。它不是对现象的解释，是心的领悟。
>
> 由此，我选择了平均线作为了解内在东西的窗口，从它的运动我推测出内在的东西，然后又推理内在东西的发展，并用平均线证明。当然平均线是主要的，其次是趋势线，第三项工具就是实时成交的盘感。我的工具只有这么多，没有再多的东西了。中心只有一个，就是趋势的理念。这个理念我不会轻易与人深谈，许多的经典书里也不会轻易讲这个。它是所有成功者的秘密。

读这篇文章的时候，差不多是我最彷徨的时候，我当时对这类文章几乎没有免疫力。一年 2 万到 30 万，一边是最高的境界，一边是最简单的均线，这样深深浅浅的，把我搞得难受死了。当时的我，到处跪拜大师，请求给我深入浅出，而且都是我主动的，怨不得别人。

知道我为什么不喜欢大道至简了吧，搞大道至简的人，是专业的，一边大道一边至简，是专业搞深深浅浅的。我在这个阶段停留了很久，花费了很多精力，这或许也是必经之路，但别停留太长时间。这篇文章在很长一段时间都排在了我的回看系列前三强，几乎每天都拿来温故知新。现在不看了，你上了一层楼，自然就看不到了。

在本书的第三章，我会描述一下认知境界。不要去搞什么最高境界，有人搞了九层境界，还有十层的，后来发现十层还不够，又拱到了十二层。人生的确需要悟道，就这么一扇门。门外辨"真假"，门口辨"有无"，进门就看明白了。进来就可以了，悟"道"了，再去看"术"，你需要阐述你选择的这个"术"能为你的"道"做什么。

一 均视界

我曾经买了一个大大的显示器，这样可以同时看到一个品种在各个周期的形态。有人甚至同时关注九个屏幕上的信息。现在我知道了，屏幕越多，水平越低，别把自己搞得跟保安监控似的，人家是职业需要。学完这一节，至少你会明白，有一台笔记本就够用了。

这一节非常重要，我在配图上写了足够多的文字，先看图中的文字，再配合文章看。如果这一节没有看懂，那就再看一遍。或者看完其他章节，再回头理解。

指标是价格的公式化输出，所以不要一厢情愿地认为指标有先行的功能。有些人不怀好意地非说指标有先行功能，还自圆其说地发明了滞后指标。指标和价格没有时间上的距离，它们是同时出现的，如果你要去刨根究底地研究指标的意义，那么你研究的方向不是"前后"，而是"内外"（见图2-1）。

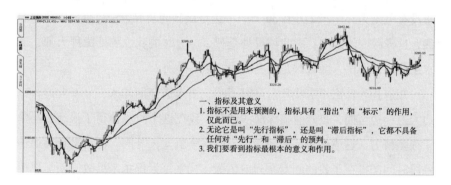

一、指标及其意义
1. 指标不是用来预测的，指标具有"指出"和"标示"的作用，仅此而已。
2. 无论它是叫"先行指标"，还是叫"滞后指标"，它都不具备任何对"先行"和滞后"的预判。
3. 我们要看到指标最根本的意义和作用。

图2-1 指标及其意义

均线也非常神奇，因为与其他指标相比，它好学、好看、好用。所以均线几乎占据了技术领域的半壁江山，和技术相关的演化层出不穷。但人们似乎忘却了均线本来的意义，均线之所以叫均线，是因为它的本来意义就是"均"（见图 2 - 2）。

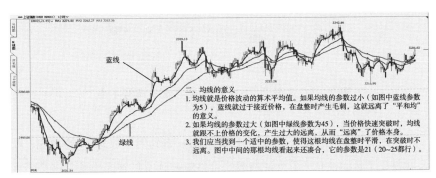

图 2 - 2　均线的意义

所以我们在设置参数的时候，不能太小，你看图中近线（蓝色的），参数是 5，所以这根线非常贴近 K 线，因此一点儿都不平滑。盘整的时候，就是毛刺了，看不到平滑的过渡，怎么体现出平滑？那就调整参数，让参数大一些。

但也不能太大，就像图中的远线（绿色的），参数是 45。这根线非常平滑，但问题是，当 K 线出现单边走势时，远线就跟不上了，就偏离了。

所以说，我们要找到一个参数，使得这根线在盘整时平滑，在趋势时不远离 K 线。一般来讲，均线参数在 20 多的时候，基本可以达到这个效果。我在这个案例中选择了参数 21。

把 K 线隐藏起来，我们就看到一个轮廓，可以理解为价格轮廓，更确切地说，这根均线显示的是 1 小时级别（H1 级别）的大致轮廓，就是以 1 小时的视角去看上证指数的价格轨迹时见到的样子（见图 2 - 3）。

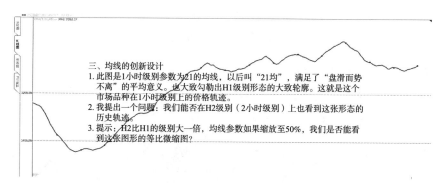

三、均线的创新设计

1. 此图是1小时级别参数为21的均线，以后叫"21均"，满足了"盘滑而势不离"的平均意义。也大致勾勒出H1级别形态的大致轮廓。这就是这个市场品种在1小时级别上的价格轨迹。

2. 我提出一个问题：我们能否在H2级别（2小时级别）上也看到这张形态的历史轨迹？

3. 提示：H2比H1的级别大一倍，均线参数如果缩放至50%，我们是否能看到这张图形的等比微缩图？

图2-3　参数为21时可体现"盘滑而势不离"

以此类推，我在2小时级别（H2级别）看到的参数为21的均线，就是我以2小时的视角去看上证指数的价格轨迹时所见到的样子。这个不难理解，并可以推广到所有级别。这个时候你还是有9个屏幕，只是屏幕上参数同为21的每条均线会各不相同，因为你的视角不同，所以看到的也不同。就像上一章我们看到的"长短相形"的道理是一样的，即周线在突破，而小时线在走趋势。

那么我就突发奇想了：我想在H2级别，同时看到H2和H1级别中那条参数为21的均线的轮廓。

如何做到？

如果我能做到，我就能把所有视角投影到同一个平面上。

其实方法不难，H2比H1的级别时间周期大一倍，那么在H2级别上设置一根均线，其参数为10.5，我们看看效果如何？

图2-4显示的是上证指数合约2小时级别的价格轮廓，参数为21，是这个级别本来的视角；参数为10.5的均线，就是在H2级别上看H1级别的价格轮廓。

我把图2-3（也就是H1视角的价格轮廓）截屏并等比例缩放在H2级别的图上，对比两个矩形框中的价格轮廓可以看出，它们是一致的。也就是说，我们在H2的界面上，看到了H1的价格轮廓（H1在自己的界面里参数是21，在H2的界面里参数是10.5）。

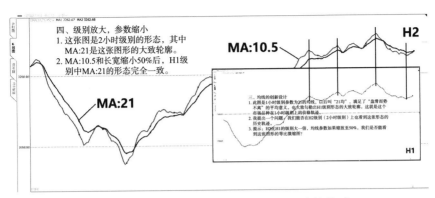

图2-4　上证指数合约2小时级别的价格轮廓

在 H2 的界面上，我既看到了自己，也看到了"向内"的那个自己。以此类推，我们看看 H4 级别上的三根均线（见图2-5）。

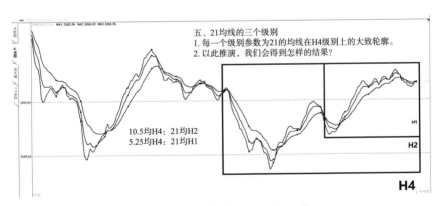

图2-5　一根均线，三个级别

这样，我们完成了"向内"的逻辑推理，接下来我们可以连续地向内构建，看看能得到什么启发。

在某一个瞬间，所有的视角指向同一个价格，也可以叫"共"，也可以叫"自相同"，此时我们看这个物体，视角不同，结果相同；在某一个瞬间，各个视角指向不同价格，这个叫"差异"，此时价格不论是 4500 元还是 4200 元，都是对的，我们看同一物体，视角不同，结果不同。这

个"差异"不是杂乱的，而是像瀑布一样聚散开来，所以也叫瀑布线
（见图2-6）。以上是"向内"构建，我们也可以"向外"构建。

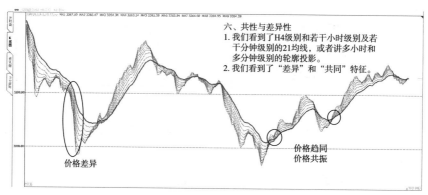

图2-6　我们看见了"共"与"差异"

图2-7还是H4级别的视角，中间均线的参数是21。如图2-8所示，
"内外"都有了，最外面那根均线参数60多，可以看成是在3日形态上，
参数为21的均线在H4级别上的投影。在彩色的屏幕上，我把内构线设置
成银灰色，把参数为21的线设置成红色，把外构线设置成金色。

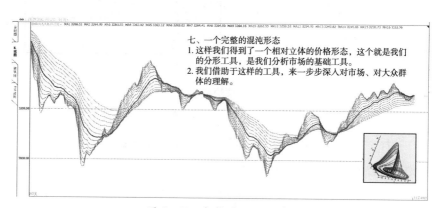

图2-7　完整的混沌形态

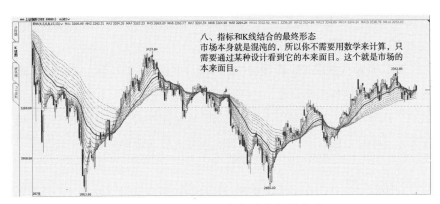

图 2-8　从 H4 级别看到的市场全貌

　　小矩形框内，是其他领域中的混沌模型给出的可视化形态，看上去和我们的均线组比较相似。

　　从"一均一视界"，到"一均一世界"，此刻，我们可以获得对"自我"认知的启发。我不会解释什么是"自我"，我不会陷入解释"自我"的泥潭，但我可以指出"自我"：

- 任何一个视界上看到的参数为 21 的均线就是那个视界的"本我"。

- 把一个视界的"本我"投影到指定的视界中去，这个"我"来自"我"。我们看到了"我"来自"我"。

- 在指定视界中，只有一个"本我"，也就是指定视界的参数为 21 的均线，其他围绕的都是"自我"们。一个"本我"和所有围绕的"自我"们，构成了指定视界中的"我世界"。

- 当"自我"和"本我"互为相似时，就出现了同频率共振，此时"我世界"的熵增最小，从而提供了可以被外部世界影响的介质环境。

- 可以说你做好了融入行情世界的内部调整，也可以说做好了被外部力量强行干预的内部调整。我调伏了"本我"的妄念，调顺了"自我"的出离，才可以和外部能量无损融合，或受到最大程度的干预。

- 学完这一章以后，大家也可以启发式地探讨"我和世界的关系"。

- 如果有一天我兴趣来了，我也聊聊这个问题，我想我可能比某些哲学家聊得更实际一些。

● 提示，一旦出现了"自我"，你就必须在"本我"和"超我"的关系中谈"自我"。

我们把 K 线加回来，看看最终的样子（见图 2－8）。我们在"有"的这一面，能以这样的范式看，已经是我能想到的极致了。你以前用的是均线组，是瀑布线，现在用的还是均线组，还是瀑布线，山还是那个山，但又不是那个山。此时此刻，你那昂贵的九屏大显还香吗？我们把我们这一节学到的均线命名为"图道形线"或"图道均线"，以区分瀑布线。

我曾有一段时间喜欢隐藏 K 线，这样看着更有感觉（见图 2－9）。为什么有的时候"自相同"后就容易出行情，为什么有的时候"自相同"后就不出行情？

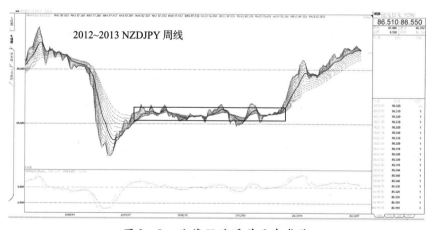

图 2－9　隐藏 K 线看着更有感觉

因为大多数"自相同"是"偶然相同"，可以叫"偶相同"，我们再进一步，看一看分形"自相似"形成的内在原因。提示，我不是要去找规律，因为没有规律，我是要规避"偶相同"的情况。我们的策略是远离可以识别的不好情形，再看剩余情况。

想要了解分形的内在原因，就要了解混沌迭代。我们还是先简单介绍一下"迭代"最通常的样子，不要陷入对"迭代"的刨根究底。

混沌迭代

　　树的枝干，河的支流，蜿蜒的海岸线，我们的肺，动物的血管，放大的雪花。隐含在自然界所有形状下，有一个数学原理，称为自相似性，它描述的是相似形状不断在越来越小的水平上复制。

　　● 曼德勃罗（Benoit Mandelbrot）意识到了自相似性是一种全新几何学的基础，给它命名为分形体。曼德勃罗根据自然分形体，发现了曼德勃罗集，曾被誉为上帝的指纹。集合里的每个图形都包含了无限多个更小的图形，并且还会无限循环下去。

　　● 它有一个非常重要的性质，就是反馈到自身（迭代），每一步的输出是下一步的输入。

　　● 这种反馈意味着一个极其简单的数学公式可以产生无数复杂的图片，同时它在所有水平上相似的分形性质，反映了自然界一个基本次序原理。

　　曼德勃罗特集是一个迭代公式，不是这个世界的公理。

　　● 宇宙中的所有复杂性，都源自简单规则的不断重复（假设存在一个简单的公式）。

　　● 它复杂的原因是源自：

　　■ 各种简单性的耦合（可以理解为不同变量在同一时间输入同一迭代公式）。

　　■ 各种简单性又不断地在反馈中耦合（迭代公式的输出又成新的变量在同一时间输入），形成相互制衡的平均化世界。

　　● 科学一直在做的事就是从耦合中剥离出简单性，得到一般规则。但我们始终在耦合的非线性系统中，得到的理论只是对简单性的近似。

　　不需要知道"迭代公式"，也不可能知道"迭代公式"。这个迭代公式就像"薛定谔的猫"一样诡异。

　　当你识别形态时，你只需要知道，形态本身就是迭代运行的结果。如果你发现了一个"自相同"的位置，但形成这个位置的前期过程没有"迭代"的大致样子，或者讲没有"迭味儿"，那就抛弃、就远离，或者再等等看。

我们以前交易的方式，就是逐步"远离"，远离到"不舍"的时候，就逐步建仓。虽然偏颇，但也好过大多数人。

你不可能知道真相，也就是说，你不可能指出这就是一个真迭代。你只能规避迭代不明显的情况。做到远离"不明显迭代"，不要追求"是"，做到"远离非"就可以了。

第三章潜在内涵是"远离较低境界"，第四章潜在内涵是"远离历史连续不明显""远离地理权重不明显""远离战线统一不明显"等。你构建了一个远离的体系、一个远离的机制，那个远离的机制推动着你接近"那个方向"。

你不能说你识别了迭代、识别了隐情、识别了连续、识别了权重、识别了战线。实际上你是在说：你识别了机会。你能识别的机会，大家都能识别，你怎么就觉得自己比大家聪明呢？大家都能识别，就又发生"天妒天机"了。

> 大道废，有仁义；智慧出，有大伪；六亲不和，有孝慈；国家昏乱，有忠臣。
>
> ——《老子·十八章》

你不能讲你识别了仁义、识别了智慧、识别了慈孝、识别了忠诚。如果你非要讲，那也学学孔子，他老人家发明了春秋笔法。我始终认为，孔子厉害的地方不是他讲了什么，而是他讲出来的方式，微言隐义。

矩形介质

1. 你看到了一个矩形框，一个长长的矩形框（见图2-10）。如果你能够识别这是一个"形态"，就说明内部有迭代的作用。矩形框的尾部，均线逐步汇聚，越是波动，越是"自我一致"起来。

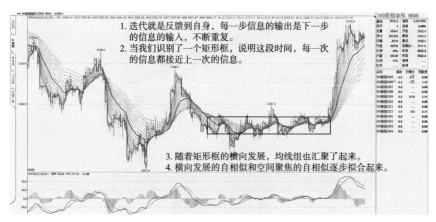

图 2 - 10　一个水平迭代后形成的矩形框

2. 在权重大的标的中看形态，比如指数形态，比如重要板块指数，比如重要股票品种。因为这些标的的参与者很多，这就构成了观测混沌迭代的基础。混沌是用来解释大系统的，不是用来解释小系统的。

3. 你在很多小股票中也能画出矩形框，但这个矩形框的存在是因为没有人交易，价格静止在那里了。所以我们研究混沌迭代，不看小股票，不看小商品，不看非主力合约。

4. 试想一下，上亿人参与的大市场，如果有一天"自我一致"起来，那它还能"一致"多久？可以预知，它快按捺不住了。

5. 我们看到现在，基本上都是矩形框。还有没有其他的迭代方式？

圈 线 介 质

到目前为止，我们在案例中已经看过了股指、商品、外汇的形态，说明只要是市场，混沌分形技术都行之有效。我们可以在市场中发现很多这种推进形态，可以练习画出图 2 - 11 中的"圈线图"。通过一圈一线，一步步向一个方向推进，有人讲，拉出一个等比区间不是更方便吗？

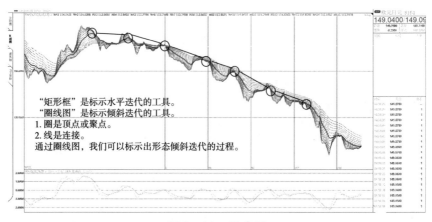

图 2-11　圈线图

　　如图 2-12 所示，等比区间不等同于近似区间。如果等比区间可以用，那么迭代就是数学公式了，所以你可以抛弃江恩了，可以远离江恩提出的所有绝对的几何图形。

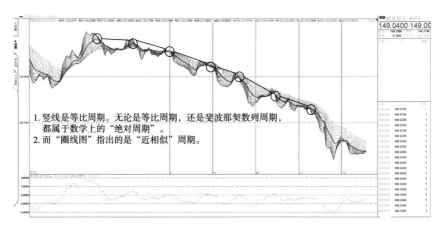

图 2-12　等比区间与近似区间

　　从图 2-12 中，我们可以看到均线汇聚后，再一致向下发散，在这个瞬间我们看到的是"自相聚散"。

我们看到了盘整矩形框，看到了倾斜的圈线图，那么反转呢？

曲线介质

首先，我要很实际地指出，如图 2 - 13 所示的曲线图，我们不常用。原因有几点：

1. 如果是底部反转，那么形成矩形框的可能性会比较大。当你发现一个重要品种是曲线图的时候，可能其他相关重要品种已经形成矩形框了。而矩形框明显比曲线图容易识别。

2. 高位曲线图反转下跌的情况会比较多。如果是炒股，我们也不需要做空，所以在还没有形成曲线图的时候，我们早已经出场了。

3. 把曲线图放在这里讲，是为了说明反转时也可以发现迭代的过程。这样，盘整矩形框、倾斜圈线图、反转曲线图三种形态就完整了。

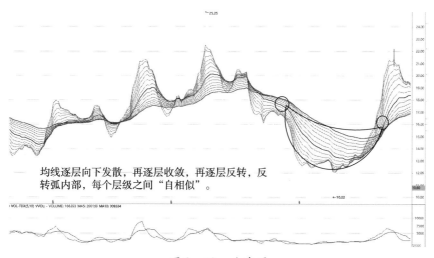

均线逐层向下发散，再逐层收敛，再逐层反转，反转弧内部，每个层级之间"自相似"。

图 2 - 13　曲线图

到目前为止，我们看到了这三种形态比较容易识别的样子，但实际情况是：

- 有的形态整体好，有的形态局部有清晰的"自相似"。

- 有的形态整体和局部都好，但后期表现差强人意。

- 有的形态整体和局部差强人意，但后期表现超好。

所以，不要陷入对形态的纠缠，要多看形态，以及相关的衍生形态，掌握局部形态的特点。能在大方向上不犯错误就已经很不错了，千万不要看反了。在我以往的培训课程中，我还是愿意让学生们自己截图，很多学生开始也是不得其意，训练一段时间后，就慢慢接近我的水平了。

我的水平也不是标准，因为有一些学生在看图方面苦下功夫，似乎比我还精专。这首先是值得表扬的，因为多积累、有效积累，就会熟悉，就会敏感，这总是好的。但更要时刻记住，"曲思于细者，必忘其大"。我们要熟悉这本书提到的各种形态，但也不能太执着于形态。不能把积累形态当成目的，我们的目的不在于此。

一目云图

对形态，我们要熟悉到什么程度呢？就是看一眼，两秒钟，就知道这个形态要不要继续看；如果犹豫了，就不要驻目了。日本有个技术叫"一目均衡表"。虽然它没有什么深度，但是这个概念还是挺有意思的。

K线的价格形态，经过了迭代，最终都将以"一目"来高度概括。

- 水平式（一目矩形框）。

- 趋向式（一目圈线图）。

- 反转式（一目曲线图）。

这样我们就得到了三个"一目图"，理论上这三个"一目图"就是我们的"技术介质"，实际上只用前两个。从理论上讲，我们已经把技术的层面全部讲完了，我会举出大量的案例带着大家去熟悉各种"衍生形态"、各种"自相似特征"。

理论上，我们不应该去归纳各种衍生形态；理论上，我上面总结的三个"一目"也是不妥的。因为一旦归纳，就有可能陷入归纳法的范式，这里我要指出，这个范式是不妥的。但是我们还是要归纳，只有反复归纳才能熟悉，但也只是为了熟悉。你把归纳法做得再好也不能以此形成操作方法。我可以告诉大家，我大概归纳了 13 种范式，只是为了熟悉。为了避免误导，我也不会去讲这 13 种范式。

在"观心篇"中，我们会在大量的案例中看到各种衍生形态。

难 言 之 隐

什么叫隐情？

• 有人说，少数人知道的事情，不告诉别人，就是隐情。

• 如果这个事情能被知道，就不是隐情了，那就是实情。哪怕只有你一个人知道，没告诉任何人，并把自己搞成哑巴，你知道的那件事情也是实情，是一个无人知道的实情。

• 监管规定，实情是只有少部分关键人知道的，如果透露"实情"，就是"实恶"，需要受到法律的制裁。

• 所以我们不能讲"知道"隐情，不能讲"透露"隐情，只能说"浮现"隐情。

• 当有人在饭桌上说"我要开始透露秘密"时，他在认真讲，有人在认真听，还有人认真记股票代码，你别去争辩，认真吃就好了。

我们还是以 2015 年铁矿和 2020 年原油宝作为案例，先来了解一下什么是隐情。

我们先看看 2015 年铁矿（见图 2 - 14）。

• 这么长时间的下跌，就是在孕育一个隐情——市场总要跌到头的，底在哪里？

• 当市场跌到位置 1 时，有人讲这就是底，结果继续下跌。

• 当市场跌到位置 2 时，有人讲这就是底，我们现在看的确是底。由于第 2 阶段的下跌，铁矿价格低于国内平均成本。铁矿是重要的经济品种，如果铁矿价格不能回升，就会造成生产停滞、工人失业、产业链断裂等一系列不可承受之经济重创。所有专家都能给出一致的建议：抄底。

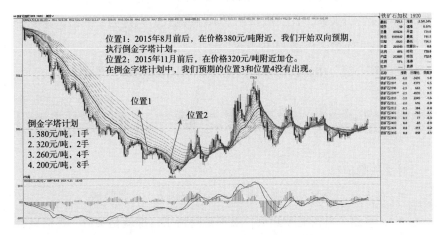

图 2 - 14　2015 年铁矿双向预期

- 这个抄底逻辑从长期看是正确的，很容易被广大交易者接受。抄底逻辑浮现。做长线的开始欢呼，做短线的也会被这个位置的宽幅震荡震出去。你看触底反弹后，还是有快速、深度的下跌。当快速下跌时，抄短线的也会被吓死。

- 假如市场跌到 200 元/吨，按照图中的倒金字塔加仓法，可以做 4 倍仓。当多头都开始欢呼的时候，另一个隐情也逐步浮现。专业的做空机制开始蠢蠢欲动。

- 假如市场跌到 170 元/吨，抄短线的也会加入抄底的行列，为多头蓄积最后的聚焦力量，多头集结完美浮现。此时，也许多头并不太平。专业做空机制会蓄积 2 倍的力量试图打破 150 元/吨这个止损整数位置。假如市场跌到 125 元/吨，对于专业做空机制来讲，目标已经明显浮现，专业的做空机制会蓄积 4 倍的力量试图打破 100 元/吨这个重要的止损位置。

- 但此时，又一个隐情开始浮现了，如此激烈的市场，风控官可能来不及通知多头持续补仓，根据合同规定，他们可以直接给投资人砍仓以防止穿仓。

● 当市场跌破100元/吨时，市场原来的多头已经几乎全都抄底抄进场了，但这个价格会吸引场外的投机玩家持续来抄底，场外吸引完美浮现，能吸引的外部玩家数量是一个未知数，这个是空头要面临的未知风险。

假如你突然发现可以以负数设置止损价格，这个漏洞信息可能会瞬间传遍主要做空机构，而大部分人却习以为常地认为0.01元/吨是最后防线。那么你就要小心了，下面的情况有可能极其惨烈，就像原油宝事件的重演（见图2-15）。也许此时的空头已经集结了10倍以上的做空力量，空头集结完美浮现。

● 一旦跌破0.01元/吨，空头宣告胜利。瞬间，风控强制完美浮现。全部期货公司的全部风控不得已"加入空头"行列，以公司损失最小为平仓目标，平掉所有多头。多头全部死光，一个都不剩。从0.01元/吨到40.32元/吨，期货公司风控是做空主力军。

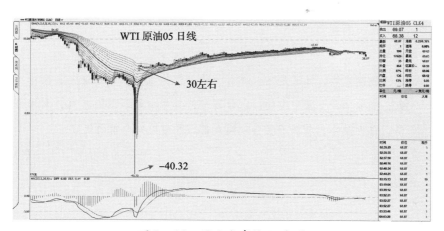

图2-15　原油宝事件K线图

通过这个假设的铁矿衔接至原油宝的案例，我们经历了好几次隐情浮现，具有里程碑意义的浮现：多头集结完美浮现；场外吸引完美浮现；空头集结完美浮现；风控强制完美浮现。

大家好好体会一下什么是隐情。

- 隐情就是，大家都感觉自己隐隐约约地知道。

- 隐情"清晰"浮现，大家都感觉自己确实知道了，那接下来如何快速变化，就是不能确定的事情了。

- 大趋势是怎么形成的？难道只是基本面吗？

在实际情况中，一般来讲，大部分隐情不太会演变成原油宝事件，原油宝事件在历史上只发生过一次，但其他疯狂的事件还是很多的。一旦发过一次极端事件，就会有相应的应急处理流程出台，就不太可能发生第二次了。但极端事件一直会有，每次都是意想不到的，这种情形将会不断上演。

但我们要利用这个案例，给大家敲响警钟：

- 如果你无视法律的制裁，那么你可以往"实情"和"知道"上努力。

- 如果你喜欢靠自己的认知去赚钱，你就要明确，你努力的方向，就是那个"隐隐约约"的东西。如果你发现你追求的东西并非隐隐约约，那你可能还没摸到门。

> 孔德之容，惟道是从。道之为物，惟恍惟惚。惚兮恍兮，其中有象；恍兮惚兮，其中有物；窈兮冥兮，其中有精。其精甚真，其中有信。自古及今，其名不去，以阅众甫。吾何以知众甫之状哉？

> ——《老子·二十一章》

苦恼纠结

我自认为是第一个通过混沌迭代和自相似看盘的交易者。理论和技术都有了。我沉迷于迭代后形成的"自相同""自相聚散""自相倾"，以及各种"自相"特征中，无法自拔。我曾认为这就是完全正确的方向，一个"知道实情"的方向。

我在沉迷、沉醉中沉静，也沉淀了很久，才好不容易摸到了门。当我从门里面往外看时，就得到了上面的启示。技术指标、技术介质，都是术，服务于你领悟的那个"隐隐约约"。

下面我讲讲，当我"中士闻道"时，为什么苦恼，我又做了什么努力。

市场大跌过后盘整（见图 2 - 16），2016 年末至 2017 年中，我也可以画出一个矩形框。如果你愿意拿十几万元来搏一把，那我就建议全部投进去，赚就赚了，亏就亏了。

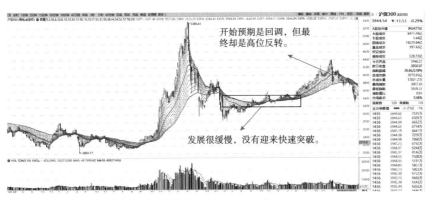

图 2 - 16 2016 年末至 2017 年中沪深 300 指数

此时，我还在招商期货做 IB 片管，客户资金都是百万、千万级别的，由于之前 2014 年末的行情判断对了，所以此时客户对我比较信任。我的难题来了，买入多少合适？几百万元全买入吗？

我就画了个矩形框，让人扔进去几百万元，还补充说里面有隐情。这不是恶心人吗？我怎么说？说还是不说？网络中有句话，话没有说出去之前你是话的主人，话说出去之后你便是话的奴隶。由于我 2014 年成功预测了一次，而且还到处显摆，所以到了 2016 年末，当又一个矩形框出现时，无论我说与不说，我都是奴隶。

最后，我还是说了，大家在这个位置少做股指期货，多做股票吧，这种说法有些取巧。我也是从那个时候开始逐步关注股票市场。

图 2 - 17 是 2020 年初一个矩形框的延续。在这个矩形框延续的过程

中，历经了新冠肺炎疫情，全球股指疯狂下跌。如果你之前已经有持仓了，该怎么办？这个时候要不要砍？

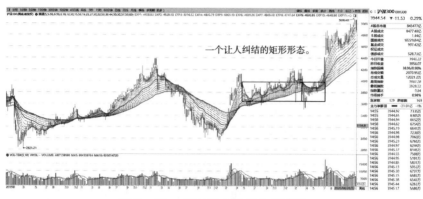

图 2-17　矩形框中的黑天鹅事件

当时的全球市场都很悲观，如果后期涨了回来，你还敢不敢继续买入股票？这个问题我现在算是有了让自己满意的答案了，但是当时很纠结。纠结的结果就是向市场的贝塔部分低头认输，以后要么做中性策略，要么做股指增强策略。也就是说，以后要么规避贝塔部分，要么全盘接受它。

后来研究中性策略，也逐步发现，创造阿尔法价值的那些股票，也具备极强的摧毁阿尔法价值的潜力，所以又变成了在阿尔法策略里面，看谁的主观能力强。你永远逃不出去。虽然现在我找到了归属，但当时对未来是做职业单边趋势还是做职业对冲基金经理，非常纠结。

我曾经写过一篇文章《我用我的经验来毁你的三观》，是我早期对矩形框的纠结，我发表在网上是希望引起探讨。这篇文章有超过 16 万次的阅读量，也是争议最大的、转粉率最高的一次尝试。文章如下，简称《毁你三观》。

毁你三观

其实我们人类之所以能认知世界，是因为世界具有某种普遍存在的相似性。我相信牛顿并不只是因为看到苹果落地而发现了万有引力，如果真是这样的话那应该叫苹果引力。所以我更愿意相信苹果只是牛顿观察的对象之一，万有引力是普遍存在的，所以牛顿是通过对普遍存在的归纳总结而得出了万有引力定律。

那么这个万有引力定律就是理论，我们可以用这个理论来计算天体质量，可以用它来计算卫星速度，可以用它来理解第二宇宙速度和第三宇宙速度等。这些行为是什么，这些行为就是技术。技术就是根据生产实践经验和自然科学原理而发展成的各种工艺操作方法与技能。

换句话讲，技术就是根据规律或定律而发展成的各种工艺操作方法与技能。我之所以要花这么多口舌来讲技术的本质，那是因为进入这个市场的大部分人包括本人都花了相当长的一段时间去学习市场操作技术，而不对市场的波动本质进行思考。这就让我们渐渐走上了一条缘木求鱼之路。

由此你可以确定一点，市场上众多的典籍，无论有多经典，作者名气有多大，凡是只谈操作方法与技能而没有明确交代规律或理论依据的书籍，你都不用看。还有一部分书籍是有理论分析，但并不是从波动的某种普遍存在的相似性中归纳总结得出的，而只是以不具普遍性的现象为例说明的，这些书籍你也要辩证地看，其实我认为这类书籍的作用就是开阔眼界、引导思考。

很多初学者甚至某些资深人士总是被所谓的"经典"或某位大师的名气所震慑，而失去主动思考的能力。另有很多人来市场的目的就是想赌一把，所以他们追随拉里·威廉姆斯年翻百倍的记录也无可厚非。真正让人心酸的是其中一些人几十年如一日地研究某些著名理论，不但耗尽了心力，还得不到应有的回报。

一部分追随江恩的人已经渐渐认识到江恩理论本身的巨大不确定性，转而追捧江恩所提出的交易规则。首先，我可以确定的是，江恩只是把前人的避险规则做了一个总结，然后以自己的名字命名。你不必深入研究也可以看出，江恩的交易规则主要是规避风险，你可以靠它输钱输得慢一些，这对初学者是有好处的，但不可能依靠它长期挣钱。其次，晚年的江恩穷困潦倒，不得不出卖自己所有著作的版权，他给儿子留下的遗产只有10万美元。你不要太在意他某段时间内的预测高成功率，哪怕是赌博也会有手顺的时候。这种情况在市场中比比皆是，就像拉里·威廉姆斯以年翻100倍，其实他只是在一年之内连续7次翻倍而从1万美元到超过100万美元，并不是真正翻了100倍，这种说法都是搞宣传、抓眼球。这种情况在赌场中也会出现，而赌徒引以为傲的总是曾经的短暂辉煌。

不偏执的人看得出，不要说年翻100倍，如果他真有年翻1倍的实力，而不是偶然取得这样的成绩，他现在也是世界首富了。我对这类人深恶痛绝，马克·吐温有句名言，大意是讲欺骗有三种，最轻的是谎言，其次是精心设计的谎言，最可耻的是统计数据。我以前就是偏执的人，偏执地追求一年挣好几倍，因偏执而不悟，也就是执迷不悟。

后来渐渐开始注重理论的研究，曾经有那么几个月迷恋波浪理论，总觉得波浪理论是那么接近波动的本质。尝试过很多次后我才了解到，波浪理论因为太接近波动，所以从本质上讲它就是波动。浪里还有浪，浪外还有浪，走的出来的都是正确的浪，所以波浪理论是完美的，它和波动本身一样完美，因为它就是波动本身。

所以追随波浪理论的人会有一种感觉，那就是：理论本身是完美的，要怪只能怪自己没数好。有的人数了半辈子还是没数好。虽然叫波浪理论，但从本质上说它还是没有进入规律或定律这个层面，只能拿它来当技术使用，以至于越数越复杂，越数越糊涂。艾略特是一个典型的研发者，他发明了著名的波浪理论，但我似乎没有看到任何关于艾略特本人利用波浪理论获利丰厚的报道。

怀疑，是每一个做学问的人应有的态度。胡适说："做学问要在不疑处有疑，待人要在有疑处不疑。"如果我要讲我连道氏理论都非常怀疑，肯定会有一大帮人对我进行指责。我可以确定的是，我比大多数人都了解道氏理论，了解道氏通道，我甚至理解道氏理论是经过几代人沉淀的理论。但是我还是有理由怀疑，因为它太不确定了，所以怎么能叫理论呢，叫现象还差不多。

有很多高手说，有一样技术是不用去怀疑的，那就是趋势交易技术。我的经验是：你能看得见的趋势，一旦操作起来，要么是无力，要么是急剧反转，要么就是大突破后接着大反转。挣钱的可能性的确是普遍存在的，但它和道氏通道有着相似的不确定性。

更有成功者讲，要操作日线或周线上的长达几年的连绵大趋势，它最后会以一波大突破接着大反转结束。不过我个人认为，连绵大势是可遇不可求的，而且你不可能预测到那最后一波突破何时开始。也许突破之后还有突破，也许不巧就是最后一波突破。操作起来较难，可能要输时间，操作价值高不高要看个人水平和运气。

这个市场难道真的存在有效理论吗？我也曾经无数次问自己。经过1000多次操作和无数次思考，我终于悟到了波动可能存在的规律，这个规律很简单，讲出来可能并不一定能得到大家的认同，或者质疑这个规律有何用。

这个规律就是："如果说波动物象是没有规律的，那么可以讲波动物象的规律就是没有规律，波动不变的性质就是变化。"

所以，当我们识别了形态规律，或者说发现了一个可以识别的形态时，反而要指出那是市场的错误行为，因为市场不应该有规律。所以市场要变化，要变得不规律。所以当你能够感知市场在波动到某个临界位置时，就开始以某种突破来纠正前期呈现规律物相的错误。

我们要靠"反"规律挣钱，这和"道"是相通的，因为"反者道之动"。我们接下来就是要找到那些有规律的某种普遍波动的意义，不但是形态的，更是性质上的。有人批评我说我把"反者道之动"理解错了，"反"应该是在形态上和大势相反，或过升过降。这是你能看到的正确的一面，但不是普遍的一面，如果"道"的普遍能用眼睛辨别出来，就不需"致虚极，守静笃"了。

从性质上分析，"有规律的形态上的普遍波动"从感官上感觉似"静止"，这是错误的，所以市场要变化，要反"静止"。因为同类市场是关联的，你会发现同类市场是同时相对"静止"，又同时相对"活跃"的。

"活跃"就是放量，你要学会理解反"静止"。

于是我终于明白，从古到今我们大部分人的努力方向是错的，我们人为地给"波动"这个近似于"道"的运动机制下定义。无论叫它第几浪，还是通道，抑或趋势，那都是错的，波动本没有样子，就不应该有名字。

明白了这个道理以后，我进行了全面的梳理，凡是注重"形"的波动理论研究我一概都不看了，因为"知色不色"。要明白"非色为色"。所以所有能命名的形态或方法都是和"道"相矛盾的。

而这个方法论是反有形的，所以只能给性质命名，可以叫它"反规律性"操作方法。索罗斯的"反身性"中的"身"可能就是某种规律物象形态，也有可能有某种相通的含义。但我很难找到索罗斯本人有关"身"的具体描述，我只能猜测。索罗斯的确是能够长期稳定地从波动中挣到钱的人。

另一个很有分量的人是西蒙斯。透过他设计的数学模型的表面，可以看出他本质上是依靠市场的"活跃性"挣钱的，而且是整个关联市场。西蒙斯的"黑匣子"号称是华尔街最"黑"的，但我尝试着用"反"的意义去猜测他的操作方法，得到了一些很有价值的东西。

这个市场存在了许多年，多数人总是在能理解的范围里去论证，却忘了世界的另一边。在不能理解的范围里去反论证同样是人能够理解的逻辑。你觉得我讲得对不对？

峰回路转：你要思考，普遍存在的规律，和普遍存在的反规律，是不是同一种意义，为什么正反两面都可以理解？如果正反两面都可以理解，那我是在忽悠自己，还是大脑在忽悠自己？或者说人的大脑天生存在局限性？

技 止 不 谈

到目前为止，在技术的层面，我们只能讲到混沌介质和隐情浮现，然后就不能再讲了，再往下讲，就讲错了。我们在"术"的层面，已经讲到不能再讲了。第四章会讲"道"，会用大家都能理解的方式讲"道"。我会讲股票市场的语文、历史、地理、政治。但在第四章之前，也就是第三章，我会讲一讲思想境界。

这个行业挺不容易的，门槛那么低，诱惑那么多。我从来没想过提升什么思想境界。但现在发现那些大学教授写的哲学书籍、国学书籍，我居然都能读懂，居然能挑出不少问题。我突然发现《老子》的厉害之处，让一个从小学不好文科的人，有文化了。

所以，读读《老子》，至少在这个领域里面，先保证不被别人"改天换地"，再去培养立判是非的能力。

设置指标

准备工作是下载通达信软件。不要纠结具体均线参数，我们学习时是以参数为21的均线推导出混沌形态，但不要拘泥于具体参数。学完第四章，你就知道整体意义远远凌驾于具体参数之上。我会代入数学公式直接得出一系列的参数。

第一步，选择主图指标（见图2-18）。

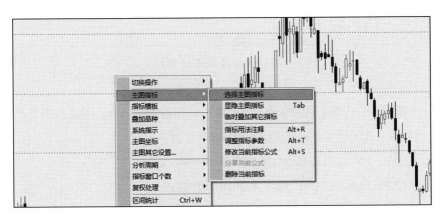

图2-18　选择主图指标

第二步，选择EXPMA指数平均线（见图2-19）。

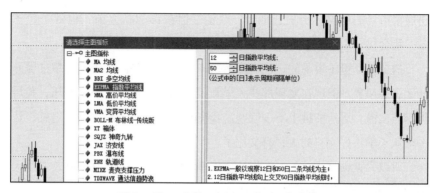

图 2 - 19　选择 EXPMA 指数平均线

第三步，选择修改当前指标公式（见图 2 - 20）。

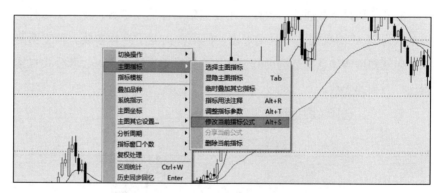

图 2 - 20　选择修改当前指标公式

第四步，在图 2 - 21 中输入下列代码，在输入窗口中，可以点击"插入资源"，也可以手动输入 COLOR808080 等颜色。

EXP1：EMA（CLOSE，M1），COLOR808080；

EXP2：EMA（CLOSE，M2），COLOR808080；

EXP3：EMA（CLOSE，M3），COLOR808080；

EXP4：EMA（CLOSE，M4），COLOR808080；

EXP5：EMA（CLOSE，M5），COLOR808080；

EXP6：EMA（CLOSE，M6），COLOR808080；

EXP7：EMA（CLOSE，M7），COLOR808080；

EXP8：EMA（CLOSE，M8），COLOR808080；

EXP9：EMA（CLOSE，M9），COLOR0000CA，LINETHICK2；

EXP10：EMA（CLOSE，M10），COLOR008080；

EXP11：EMA（CLOSE，M11），COLOR008080；

EXP12：EMA（CLOSE，M12），COLOR008080；

EXP13：EMA（CLOSE，M13），COLOR008080；

EXP14：EMA（CLOSE，M14），COLOR008080；

EXP15：EMA（CLOSE，M15），COLOR008080；

EXP16：EMA（CLOSE，M16），COLOR008080，LINETHICK2。

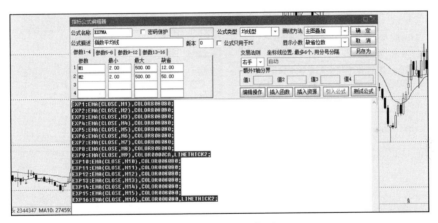

图 2 - 21　输入代码

第五步，输入图 2 - 22 和图 2 - 23 中的参数，缺省是均线参数。

第六步，将公式名称修改为"图道形线"（见图 2 - 24）。点击"另存为"。然后重复第一步（见图 2 - 19）。在主图指标中，下拉找到"图道形线"，点击。

第七步，在"主图指标"中选择"调整指标参数"（见图 2 - 25）。

最后，点击"恢复成缺省"，再点击右上角叉叉（见图 2 - 26）。

最终形态的样子如图 2 - 27 所示。

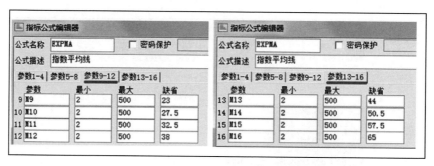

图 2 - 22　参数 1

图 2 - 23　参数 2

图 2 - 24　修改名称：图道形线

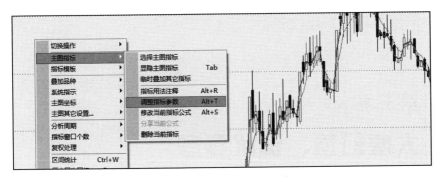

图 2-25　选择调整指标参数

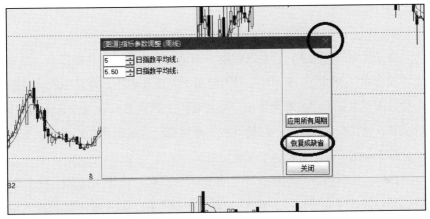

图 2-26　点击恢复成缺省

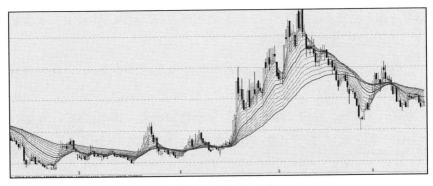

图 2-27　最终形态

第三章
太虚幻境、调伏妄念

我是虔诚的市场人，开始时信奉一句话——"路漫漫其修远兮，吾将上下而求索"。我把这句话写在书的扉页上，写在床头。然后在相当长的一段时间里索生不得、索死不能。每每在网上找到类似于《交易十境界》的文章，就喜欢拿来一层一层地对应，发现自己已经在第九层境界往上拱了，那个拱出天际的幸福感现在还记忆犹新。

然后，拱啊拱，拱啊拱。怎么老也不冒头呢？我是幸运的，我在26岁就开始拜读《老子》了，在37岁时才算进了门。如果你不能识别"最终"，那你怎么划分阶段？我们是幸运的，因为我们已经有"道"这样的终极关怀。我们所要做的，就是深耕一个领域，朝着"那个朝向"努力。这个过程可能会多次偏离方向，可能会相当苦闷，但和心中没有"那个朝向"的人相比，你会幸运很多。

我不会说终点在"那里"，我甚至都不敢说"那个方向"，我只敢说心中要有"那个方向"。也许老天眷顾你的坚持，不断给你启示，不断给你帮助。渐渐地，你的"那个朝向"就会慢慢接近"那个方向"，等你回头一看，原来是"归向"。这一章，我会尝试描述那个境界。

三重看山

很多人说，认知有三重境界：看山是山，看山不是山，看山还是山。这应该怎么理解？网上有很多解释，每个人的理解都不同。为什么只是三重，而不是六重或者九重？自古以来，高人们都一致认为最多看到第三重，第三重是最高境界。

在这一章，我们不讲具体操作。如果第一章讲的是操作上的"迷途知返"，那么这一章讲的就是认知上的"调伏妄念"。所以第一章和第三章讲的是"知返"，是"调伏"。如果不能拉回来，就不要走出去。无妄则无伤，懂得明哲保身才有无限可能。

在这一章，就请原谅我斗胆在这个领域，畅谈波动的三重境界。

在这一章，我们会讲百倍暴利，会讲大道至简，会讲精准预测，会讲程序交易，会讲股神股圣。我曾经喜欢辨是非，后来喜欢辨有无，最后我只是把我经历的、感受的、思考的写出来。如果能启发到读者，而读者又带着更深刻的经历去启发别人，那就是"人能弘道"了。我被中华文化熏陶了这么久，也有义务为中华文明做点儿什么。

我们先从拉里·威廉姆斯的百倍交易纪录开始探讨。我曾在 2013 年详细了解过拉里·威廉姆斯。那时的我已经在市场中摸爬滚打了好几年，撞得头破血流，但也因此获得了一些看破的本领。那时的我愤世嫉俗，喜欢揭露，喜欢争辩，喜欢到处招惹，喜欢到处彰显。我当时在和讯外汇大家谈里面写了许多文章，这些文章也体现了我在那个时期的水平和心境。后来，和讯外汇大家谈改版了，我就找不到之前的文章了。这些文章也被收录在"新浪博客"里面。我不经营博客，只是收录了自己花精力写过的文字，也算是留下了成长的痕迹。

基于 2013 年的研究成果，我编写了下一节："暴利厚黑"。时至今日，已经过去了 10 年，我并没有再度研究拉里·威廉姆斯，因为我觉得，有些东西是亘古不变的。哪怕再过去 100 年，历史还会重演。

暴利厚黑

2013 年，我是反对"暴利观"的。其实我并没有说暴利不可行，我只是反对暴利。暴利是可行的，暂且不说很多论坛上都有暴利帖单，就是看拉里·威廉姆斯百倍的交易纪录，那也是毋庸置疑的。

既然存在暴利，那我们也可以分析一下暴利的可行性。为什么要谈拉里·威廉姆斯？因为他逆天地一年翻了100倍，因为他也能把他年仅16岁的女儿培养成交易冠军。他证明了他的成功，并证明了成功可以轻易复制。这样，他几乎就成功地诠释了暴利投机的可行性和可复制性，他也成为全球追求暴利人士心中的希望。这就是大部分人对拉里的看法。

下面我要开始谈谈我的观点。

罗宾斯交易公司的"世界杯期货交易赛"

谈到拉里·威廉姆斯，就不得不说一说罗宾斯交易公司举办的"世界杯期货交易赛"，此项赛事从1984年持续到今，已经成为交易界顶尖的赛事之一，和国内以炒作为主要目的的众多赛事不能混为一谈。参赛者必须在罗宾斯交易公司开设10000美元的账户，是货真价实的金钱交易。这个比赛是受监管的，与其他赛事相比，这个比赛是相对可信的。

我们可以看看各年度冠军总排名在前五位的交易情况：

1. 1987 年，拉里·威廉姆斯（Larry Williams），11376%。

2. 1985 年，拉尔夫·卡萨佐恩（Ralph Casazzone），1283%。

3. 1997 年，米切尔·威廉姆斯（Michelle Williams，拉里·威廉姆斯的女儿），1000%。

4. 2004 年，科特·萨卡伊达（Kurt Sakaeda），929%。

5. 2006 年，安德列亚·翁格尔（Andrea Unger），672%。

这是历史上排名前五的冠军，可以看出拉里·威廉姆斯年翻113.76倍的成绩遥遥领先于排名第二的12.8倍。排名第五位的年度冠军则降到了6.7倍。从30年的排名来看，年翻0.5~3倍而成为冠军是普遍存在的，当然年份不好的时候，年增长24%、18%甚至3%都能坐上冠军的宝座。

大家看清楚了，这是历史上全球范围内各年度冠军战绩的排名，不是某一年的参与者交易排名。很多国内比赛在某一年的交易成绩比这个还要好。

大家关注的焦点

其实很多国外的机构人士非常怀疑拉里·威廉姆斯的百倍纪录，一些机构人士在论坛上大谈机构的伎俩和监管的漏洞。这就引起了关于拉里·威廉姆斯百倍记录真实性的争论。比如，国外论坛上有一个题为 Larry Williams Million Dollar Challenge（威廉姆斯的百万竞技）的帖子就一直在讨论这个问题。

然而这个方面的争论有意义吗？大部分人肯定认为有意义。如果是真实的，那就学习他的方法，就算不能年翻百倍，那翻一倍还不容易吗？如果是假的，那就放弃投机好了，大家好好过日子。可是这样的争论在论坛中好像一直都没有结果，争论中没有哪一方的观点能够有效压倒另一方。争论还在进行，也会一直持续下去。

我倒是觉得，在解决争议时，中国人显得比外国人更具智慧，那就是搁置争议。外国人非要在某一个时间框架中解决问题，或者讲非要得到一个非黑即白的答案。而中国人认为，如果没有答案，就再等等。时间长了，也许答案自己就会浮出水面。

我在市场中混迹多年，总结出一个经验，那就是"市场不讲假话，也不讲真话"。时间不语，但什么都说了。在时间线上，你只需要罗列出一些大事件，然后就会发现，所有秘密全都会浮现出来。所以，面对任何"秘密"都别急着下结论，也别急着给出答案，我们再等等，再看看。

我们在时间线上，应该如何思考？应该关注哪些方面？

时间线上的思考

在1987年获得交易冠军的时候，拉里·威廉姆斯已经积累了22年的交易经验。任何世界级别的冠军都是要经历长期的艰苦训练，他必须经过长期的实践才能找出一种适合比赛的方法，我们无法得知拉里·威廉姆斯在 22 年的投机生涯中参加了多少次这样的比赛，才最终在 1987 年获得一次冠军。

从他获得冠军的那一刻开始，他已然是个世界冠军了。我们为什么多次提到世界冠军？想一想，你所见过的任何世界冠军在拿到冠军之后有什么想法？肯定是卫冕。在卫冕之后呢？那就是三连冠。

1987 年，拉里 45 岁，正是交易员的黄金年龄，之后就没有任何关于他获得荣誉的报道了，难道他放弃了？十年后的 1997 年，他年仅 16 岁的女儿获得了冠军，媒体又开始大肆报道这个奇迹。拉里在这十年间难道没有参加过任何交易大赛？他年仅 16 岁的女儿获得冠军之后又干什么去了？

从 1965 年到 1997 年的 32 年中，拉里直接获得了一次冠军，间接指导他女儿获得了一次冠军。这两次冠军是通过参加多少次比赛而赢得的我们不得而知，不过这些都是值得留意的地方。这些就是大众容易遗漏的简单因素。

写这部书的时候，我再一次关注拉里·威廉姆斯，他还在交易。他也许交易了至少 55 年了，我由衷地敬佩他。他是用生命在阐述"短线交易冠军"的全部内容。这样，他就更值得研究了。在至少 55 年的短线交易生涯中，他经历了"高光时刻"，也经历了低谷，他为这个"秘诀"贡献了全部可供查询的历史记录。

所以，你要去研究这些历史记录，就不能总是看着他主动拿出来说的成绩；那些没被拿出的成绩也都有迹可循。哪些年份是亏损的，亏损了多少？网上已经有人在归纳总结了，你也应该去看一看。

暴利即是暴亏

拉里·威廉姆斯有一本书叫《短线交易秘诀》，在书中，他很大方地传授了交易的秘诀。很多论坛上的朋友也都会大谈自己研究出的秘诀。最终的结果是，的确有人靠着某种秘诀在某个特定的行情中获得了暴利。也就是说，的确存在"暴利"和"容易获得"并存的情形。

我们先承认这一点，再用高中程度的哲学知识"对立统一"去解读一下"暴利"与"容易获得"的隐藏关系。以"容易获得"（秘诀）为前提，如果暴利存在，那么暴亏也必然存在。你无法掩饰这个对立统一，这是物性决定的。

这样我们绕过了对"秘"的争论，从而专注于"暴"的两面。换句话讲，没人知道他是如何获得暴利的，可能是重仓，可能是复利，可能真的有，可能根本就没有。但是，我们可以确定的是，如果"暴利"容易获得，那么"暴亏"也必然容易出现。

而很多人都热衷于解读这个"秘诀"，所以会陷进对这个"秘诀"的解密中。只有突破原有的思考方式，做到融会贯通，才能脱离这个陷阱。否则你会花很长时间和很多资金去尝试这个秘诀。若不能达到，你就会怀疑自己资质不够。

不难看出，拉里·威廉姆斯提倡的就是"容易获得"和"暴利存在"，因此我们也可以推断"暴亏存在"并且也是"容易达到"的。那么看看他的全面表现如何。

全面表现

竟然有人愿意展示自己的百倍交易纪录，愿意分享自己百倍纪录的交易"秘诀"。天底下有这么好的事情吗？

你去查一查，他在获得冠军之后有迹可循的交易记录中，是否有暴亏的记录，亏损是多少？1987年第一季，威廉姆斯先生的综合绩效出现了多少亏损？1989年3月隆重举办的"世界杯冠军基金赛"又如何呢？1990年5月，"拉里·威廉姆斯金融策略基金"的表现如何？

现在，你可以查到他更多的交易记录，他的表现如何？最大亏损是多少？

厚黑谈

从以上分析中我们可以得知，暴利是天时地利人和促成的，是不能长久的。首先，你要有技能和经验。就算用不着22年的投入，但几年的专业投机经验还是要有的。你这时已经有一套行之有效的可以获得暴利的方法。接下来就是参加各种大赛，去赌行情，可能一辈子就遇见了一次，这也就够了。

"世界杯期货交易赛"还有一位常胜将军科特·萨卡伊达（Kurt Sakaeda），他有过四次冠军经历。他的最高纪录是一年获利929%，其次是595%、104%，最低的是22%，也获得了股票类的冠军。但从受关注程度看，他和拉里·威廉姆斯简直有天壤之别。

有人讲，我这是教人学坏，为坏人提供可行性方案，以欺骗别人的方式在市场中讨生活，这个我并不否认。

如果未来有更多的百倍交易纪录，从而吸引更多的人参与投机，那也能增强这个市场的流动性。这个坏事不一定是坏事。

反过来讲，一些人修正了之前片面理解的误差，最终可能会远离追逐暴利，甚至会有越来越多的人远离投机。投机世界如果失去了这部分人的融入，就失去了一部分流动性。这个好事不一定是好事。

所以，我也接受了"这个市场不讲假话，也不讲真话"。大部分人也都在这真与假中耗尽了全部精力。

暴利效应

蝴蝶振翅真的能产生飓风吗？这个命题其实挺不实际的。但通过某种解释，愿意相信的人多了，就产生了类似飓风的效果。这就是蝴蝶效应的核心。

"暴利存在"和"容易获得"能共存吗？从长久来看当然不能，但通过某种方式，使得愿意相信的人多了，就产生了人为的效果，这个就是暴利效应。原本命题是有关暴利本身的可行性，实际效果则是大多数人愿意相信而投入资金。谁是得利方？当然是鼓吹方。

这个鼓吹方，无论是个人，还是机构，只要依靠推广暴利来吸金，他们的本质就是一样的，都是在利用暴利效应。同理，我们可以理解索罗斯效应、美联储效应、重大消息效应，很多人在论坛都大谈趋势，却鲜有人提出趋势效应。

某些机构就是做效应的，他们是做效应的专家。所以你不要总是觉得能够从机构挖到秘密是福气，一切和秘密有关的主动或被动泄露都是对你的反捕。反过来看，如果一个机构能够主动告诉你风险，主动告诉你它们能提供的稳定的回报可以战胜通胀，同时绝对不泄露一丁点儿操作细节，那么这个机构才是值得托付的，但这样的机构少之又少。

一 辨 真 假

当你知道有百倍的纪录时，第一反应是什么？

我做外汇时，曾经做过一次尝试，我有两个月的交易记录非常好，是两年中最好的两个月，除了这两个月，前十个月都是亏的。我把它拿出来，前后延展了一下，包装成一个季度的交易记录。这时候我在网上开始鼓吹我一个季度翻了2.7倍。然后，晒出了第一天、中间一天和最后一天的结算单。网友们的反应如下：

• 要求我晒出全部结算单，以验真假。我按计划故弄玄虚，说我不想晒单，以免别人以此复盘，推导出我的操盘手法。

• 使用激将法，怀疑我的单子是假的，唯有晒出全部结算单，才能验明真身。我提出，我晒单，我吃亏，我凭啥晒单？我能得到什么？

• 开始私信我，有的说遇到一个高手不容易，骗子太多，希望老师是真的。有的说求求老师帮忙，已经爆仓两次了。有的说你肯定是假的，傻子才会相信你。有的说，如果是真的，我给你5万美元炒，获利对半分。

总体来讲，大家半信半疑。

下面我开始放大招，我晒出了全部的单子，那天晚上我成了论坛里最亮的那颗星。

然后我就消失了，消失在茫茫人海中，留下了江湖传说。因为我也知道，这就是个尝试。我也不可能保证在接下来的三个月赚钱。

注意，在这一段时间，论坛里没有一个人提出这样的问题：你怎么只有一个季度的交易记录，至少拿出一年的才有说服力吧。炒外汇的基本都是炒分钟级别的短线，三个月在他们看来就足够长了。一个圈子里面的人问不出出圈的问题。当一个奇迹发生时，大部分人都喜欢讨论它的真实性。

就像拉里·威廉姆斯的百倍交易纪录，到目前为止，许多外国人还在讨论记录的真实性。如果你当初是怀疑的，后来经过千辛万苦的研究，发现居然是真的，你就会油然而生两种情绪：一是为先前的怀疑而愧疚；二是完全臣服于这个百倍交易纪录，维护它，不允许再有人挑战它的真实性。

拉里·威廉姆斯的百倍交易纪录是真的。他对各种"真假"质疑"喜闻乐见"，从而转移了大家的注意力，避免了对其"极其偶然性"的探讨。拉里·威廉姆斯自己也不能再一次成为那个冠军。他的那一次百倍交易纪录，与其说是前无古人后无来者，还不如说是"前无自己，后无自己"的一次偶遇。那一次偶遇用尽了他那几年的气运，以至于在那之后的几年里，丧钟响个不停。

棉花大王从几百万赚到上亿也是真的。沪铜大王、豆粕大王，等等，都是真的，诸如此类的暴利传奇都是真的。期货市场年年都有明星，但到目前为止，期货市场只有明星，还没有寿星，也许有吧，但如果达到那个水平，也就不愿意暴露在聚光灯下面了。

在那个阶段，我拜读了《短线交易秘诀》。当时我在整个互联网上去搜寻有关于拉里·威廉姆斯的所有信息，以及对"交易秘诀"的所有解读。我确认了，我对这个秘诀本身的理解是没有太大偏差的。于是我用2万美元进行交易，最后只剩下4000美元，真是血泪教训呀。但是我没法去申辩，人家的纪录是真的。所以我要么认怂滚蛋，要么找出破绽。

经历了亏钱之后，我也确认了，利用这个"秘诀"是可以获得暴利的，但也同样可以暴亏。于是，我不禁发问，拉里·威廉姆斯能赢得几次交易冠军？哪怕是亚军，季军也可以。

这一问，问出了我认知的第二重境界："辨有无"。反过来，我就确认了，人生的第一重境界是"辨真假"，第二重境界是"辨有无"，那么第三重境界会不会是"真即是假，有即是无"呢？这也是我在第二重境界提出的问题。

二 辨有无

2013 年，我开始口诛笔伐，我要唤醒大家。2013 年是我愤怒的一年，我写了好多网文来揭发这个市场的厚黑。在这个阶段，我了解到一件更可怕的事情，比讲假话更可恶的，是不讲真话。我要揭发。此时我有能力发出第二问，并且愤怒：

1. 一问：真假？——真。

2. 二问：有无？——无。

我发现，如果想成为交易冠军，我可能要尝试一辈子，也许老天会眷顾我一次。所以我会愤怒。第一问是疑问，第二问是怒问。

我不得不哀叹：也许真的有"天定"。也许巴菲特是"天选"的，也许索罗斯是"天选"的。无论你是想做交易冠军，还是想做"股神股圣"，这都是"妄念"，除非你是"天选之子"，但你又不知道自己是不是。所以我会愤怒。

我想改变点儿什么，想做点儿什么，我说了，也做培训了，培训了好几年。我劝导大家不要追求暴利，不要追求一劳永逸，不要追求妄念。但这几年，却出现了大量的"惊爆眼球"的成功案例，更多的人还是被那些案例搞得稀里糊涂，所以我会愤怒。

2013 ~ 2019 年，我也只是讲讲，不去做什么，但我讲不出要去做什么。所以我会对自己愤怒。

在 6 ~ 7 年的时间里，我始终在愤怒，因为我没改变什么，我费劲地去讲、去喊，但也只有少数人在反思，这几个自我反思的人，也不完全是我的功劳，他们自己就在寻求改变，只是我们有缘分遇见。更多的人，就连和我关系很好的专业人士，也在赞美别人的"妄念"，赞美别人的"偶遇"。

但经历了 6 ~ 7 年的"想去改变却没有改变"，却让我认识到，"真无"是无法改变的，让我深深体会到《红楼梦》中的那句"假作真时真亦假"

的含义。

"真无"才是这个世界的常态，老天"定真"，众生"妄无"。这个世界的内在机制是"真无"，而外在表现是"假有"。

太 虚 幻 境

有人说，三重看山，那"第三问"是什么？

只有两问，没有第三问。你悟了，还有啥要问的？市场不讲假话，也不讲真话。天地不言，时间不语，你也别再问了。再问就错了。

1. 一问：真假？——真（真山）。

2. 二问：有无？——无（无山）。

3. 道：真无、假有，相生；佛：真无即是假有（老天定真无；众生妄假有）。

众生都向往那种极端的美好，这个叫"太"。达到这种极端美好的人极少，而且极有可能是天选之子，非众人可以预期，所以是"虚"。但众生不能醒悟，还在梦境中不停地追求。众生达不到那个"太"，但却一波一波地追求，永不停歇，这个就是众生的通常状态，也可以叫众生态，确切地说是众生"假有态"。

你不能单单说它"假"，因为他会一直"有"，是一直存在的"幻境"。《红楼梦》还是可以好好体会的，《好了歌注》也挺有意思。《老子》《红楼梦》这两本书对我的认知有帮助。结合《史记》中最响亮的一句话，我给自己写过一首告诫，也是警醒：

太 虚 幻 境

天下熙熙为利来，天下攘攘为利往。

天地不仁设太虚，熙熙攘攘梦一场。

我要干什么？接下来我要做什么？

- 传道不是我的目的。但在这个领域，这一个环节却不能少。

- 我不太愿意去翻译《老子》的章节，我只是去讲我从市场中获得的感悟，并把和这段感悟相关的《老子》章节放在旁边以供大家去对照。

- 因为这个领域不是纯技术的，也不是一般的理论能够指导的。
- 无论从技术方面，还是认知方面，我们都要去调伏妄念。
- 但你不能只是使劲在那里调伏，希望这些文字可以有所启发。

下面我想谈三个方面：大道至简、精准预期、程序化。这三个方面和技术分析都有关系，所以我们就先看看技术分析的大致情况吧。

技 术 分 析

技术分析的理论基础基于以下三大假设：

1. 市场行为反映一切，这是技术分析的思想基础（道氏理论的基本观点，即认为价格能够全面反映所有的市场信息）。

2. 价格呈"趋势"变动，这是技术分析的核心因素（牛顿惯性定律认为趋势的运行将会继续，直到有反转的现象产生为止）。

3. 历史会重演，这是基于交易者的心理预期（股票大作手杰西·利弗莫尔在 100 年前就提出了"历史会重演、重演不重复"的理念）。

技术分析的大致分类如下：

- 蜡烛图技术（K 线）：圆弧底、V 字形底部、反转十字星、W 底（双重底）、头肩底。
- 均线技术：葛兰碧八大法则、瀑布线、股比均线等。
- 道氏理论：道氏周期、道氏通道。大多数人将道氏理论当作一种技术分析手段，其实，道氏理论的最伟大之处在于哲学思想。
- 波浪理论：千人千浪。
- 各种指标：MACD、RSI、KDJ 等。
- 江恩理论：通过江恩圆形、江恩螺旋正方形、江恩六边形、江恩"轮中轮"等图形将价格与时间融合起来。
- 缠论：分型、笔、线段、中枢、走势级别、走势类型。一条公理；两大假设；三个支点。

大部分人都是从《日本蜡烛图》这本书开始的。比较可笑的是，这本书的开篇配了一张太极图，说蜡烛图源自阴阳这个概念，再冠名为日本蜡烛图。这本书的内容，也是日本人的思维方式，在分类层面做得很细，体现了匠人精神。日本人的思维方式是"东方必胜"，中国人的思维方式是"东方不败"。中国人讲东方不败，谁敢讲东方必胜？

曾经，日本人总喜欢拿走中国的东西，有求来的、有抢来的，各种拿。但凡是能被拿走的，都不是那个无形的"道"。日本最早的《老子》抄本出现在 1373 年，真理就摆在你的面前，你却拿不走它，拿了几百年，还是拿不起来，《老子》在无声地嘲笑。凡是标榜自己拿到内部消息的，凡是标榜自己拿到秘密指标参数的，都是缺乏文化内核和文化自信的外在表现。市场就在那里，无声地嘲笑你。

我曾一年拜读 72 本书，经历过各种疑问：

1. 到底做哪个级别？长线还是短线？

2. 到底做什么品种，外汇还是美股？

3. 到底是技术不好还是心态不好？要不要学习程序化交易，避免人性的弱点？

4. 到底用什么技术？什么技术最适合我？

技术分析理论已经存在 100 多年了，上面所说的三个假设从来就没有被证实有效过，直到现在技术分析理论依然是建立在这三个假设的理论基础之上。华尔街的技术派精英们已在这个方向上努力了至少 100 年，却不能更进一步。

技术分析是用来分析价格"轨迹"的，用技术分析的理论基础去分析一下"技术分析"的历史"轨迹"，我们可以得知：

1. 市场行为反映一切——在 100 多年中，三大假设从来就没有被长期证实有效过，已经反映了一切。

2. 价格呈"趋势"变动——这三大假设在过去的 100 多年中没能被证明有效，它会在不能被证明有效的百年趋势上继续前进。

3. 历史会重演——三大假设还是会被重复提出，依旧不能被证实有效。

我们得到的一个非常矛盾的结论是：技术分析在它不能被证明历史有效的轨迹中继续前进。我们看到了，这个就是"假有态"，一个巨大的假有态，一个永不停歇的假有态。

下面我们来分析一下技术分析的"真无"在哪里。

指道说非

大道至简，以前最喜欢的就是这四个字，也到处以这四个字标榜自己，现在却最讨厌以前那个自欺欺人的自己。

大道是真的吗？那肯定是啊，那是中华文化的根基。有人能讲吗？有人能指出什么是"道"吗？

道可道，非常道。一句话就说得明明白白，"道"一旦讲出来，就偏离了"道"。所以老子不会犯这种错误，老子不可能直接去说"道"。《老子》中谈及的任何东西，都不会直接去说。

《老子》中也讲了忠，但并没有讲什么是忠，也没有指出忠到什么程度才算忠。《老子》讲"国家昏乱有忠臣"。按照《老子》的意思，你如果是个国君，把国家搞得混乱不堪，偏离了正道，你的忠臣就会出现。偏离得越厉害，快亡国了，你就越有可能发现忠臣。然后你结合历史去验证它，无法辩驳。

左手指着"道"先不讲，右手指着"非道"讲，你把"非道"讲出来了，也就指向"道"了。这样就避免了直接讲"道"而偏离"道"。而且，更重要的是，我们在指道说非中，获得了一个范围。在这个范围中的任何一个点，都是"道点"，"道点"既不是"全道"，也不是"非道"。如果你在说这个"道点"，那就是"道可道，非常道"。

我们可以全面讲非，而道归。我们在这里稍微了解一下"指道说非"，这就是《老子》的表达方式，下一章会详细说明。诸神的表达方式是，左手指着天，右手指着地。这个就是道和诸神的区别，你会很容易发现一个神，但很难发现一个老子。老子看上去就是个普通的大爷，是"漆园吏"，你只有提升成为一个老子才能识别这个大爷。这就是老子和诸神的区别。

既然不能讲"大道"，那就更没法讲"至简"。我强调"大道至简"这四个字是极易误导大众的，《老子》里面也没有说过"大道至简"。又比如，我认为不能在这个领域说什么"知行合一"，这也是极易误导大众的。我不是去否定"知行合一"，只是说在这个领域，这种说法极易产生误导。

在这个领域，很多人究其一生去追求"大道至简"，或"知行合一"。我们面临的最大的困难是"第一因"。几乎没人敢说自己知"道"了，但很多人却说自己可以"大道至简"；几乎没人敢说自己"全知"了，但很多人却说自己可以"知行合一"。如果你不能达到全知，那就存在偏见，你强迫自己"知行合一"的结果必然就是"偏行"。

很多人喜欢说"大道至简"，比如使用一根均线，然后说，这就是"大道至简"。芸芸众生总喜欢化繁为简。但是，"道"里面没有单边认知，没有单向的至简。比如《老子》里面说"天下之至柔驰骋天下之至坚"。我更喜欢理解成"天下之至柔，正在悄无声息地，驰骋天下之至坚"。所以，当你在化繁为简的时候，一定要好奇，什么东西正在变得简中有繁、越简越繁。

正确的方式是化繁为简，是"化"，而不是删减。很多人把《老子》中的"损之又损"翻译成"删减"，这是极其主观的解读。这个世界不增不减，叫人如何删减？唯一的方式便是"化"，或者叫"梳理"。就像我们梳理乱蓬蓬的头发，千丝万缕却可以被梳理成为一头飘逸。当你晃动头发时，一根头发的姿态，就是千丝万缕的姿态，就是一头头发的姿态。我们通过梳理，看到了"一"，这便是化繁为简，却没有任何删减。

很多"简大师"，站在讲堂上，扯着脖子喊：我能"大道至简"，我股海沉浮二十载，我只看一根均线，我只看这几根 K 线，我只看这个秘密参数，我只看财务报表，我能做到"知行合一"。我最初也曾做过"简大师"，现在想想，有点忍俊不禁。

这个世界不增不减，当你主动地挑出那个"简"时，也就被动地接受了属于你的"非简"。那岂不是有众多且繁多的"非简"吗？你说你不愿意接受，可当你挑出那个"简"的时候，你就已经被动接受了。你要明白，要深刻地明白，是化繁为简，没有任何减少。如果你通过减少去"简"，那么这一步有可能让你万劫不复。

如果你挑出的是"极简"，那么你就几乎把自己放置于一个未知的环境当中了。然后，"简大师们"又总结出来一句话："不管市场怎么样，我们不要去管它，只管做好自己看得懂的行情。"你完美地把自己锁死了，一点儿机会都没留下。

在《老子》中，根本就没"大道至简"这种说法。这个就和"蝴蝶效应"一样，传的人多了，所有人就都相信了。

精 准 预 知

对于这个问题我只简单地讲一讲。我想大家如果能读到这里，应该很容易理解精准预期的意思。

- 猜顶摸底。
- 波浪理论，缠中说缠。
- 不简单，学起来也没有穷尽。
- 波浪和缠论的使用者，曾经创造过成功进行精准预测的案例。这是"真"的。
- 刻苦的人，学习能力强的人，他们往往会挑战"数浪、缠论"。
- 结果，波浪在"拍打他"、走势在"痴缠他"。
- 在任何时候，他们对当下的波动都能说出一二。
- 这说明他们和波浪融合了、和走势痴缠了。他们没有错，因为市场不会错。
- 千人千种波浪，万人万般痴缠。无数的"刻苦努力的人"以惨烈的自我融合的方式，增加了市场的流动性。

"大道至简""精准预知"，这是每个人或多或少都有的"妄念"。它们属于技术分析这个范畴。

那么，量化交易的妄念是什么？——一劳永逸、规避人性、科技高端，基本面分析的妄念是什么？这个我们先不讲，大家可以思考。

下面开始讲程序化。在讲程序化之前，我们先讲"海龟法则"，海龟法则的预期是教会猴子炒股，这个和教会机器炒股是一个道理。然后我再讲讲我自己编写程序的经历。

我在 2015 年的时候也专门有一堂课提及"海龟法则"，以下内容大部分是那堂课的内容，也不做删减了。

海 龟 法 则

为什么叫海龟法则？

1983 年，理查德·丹尼斯与他的老朋友威廉·埃克哈特打了个赌："伟大的期货交易者是可以后天培养的"。

这最终成就了一个传奇性的实验。丹尼斯将他的交易理念和思想用两周时间传授给他招募来的 23 个普通人，并像新加坡人养海龟一样训练他们，最终将他们培养成杰出的交易者。

丹尼斯给他训练的这些交易者取了个名字叫"海龟"，他们所使用的交易方法被称为"海龟法则"。在随后的四年中，"海龟"们取得了年均复利 80％ 的收益。

海龟法则的实际情况

海龟法则自从成名以后就不怎么灵验了，有两种观点：

• 普遍观点认为，这个海龟法则用的人多了，系统就失效了。但也有人说，用的人多了，应该更加有效才对。

• "龟仙人"丹尼斯认为："你们可以在报纸上发表我的交易法则，但大多数人都不会遵循它们。因为人们不能在情况恶化时仍坚持那些法则。"

矛盾在于："海龟法则"的初衷就是为了证明用一套简单的系统和法则，可以使根本没有交易经验的人成为优秀的交易员。现在遇到了挫折，不能普遍有效，创始人又在讲，大多数人是因为心态不好、不能坚持而导致结果不理想。

后来，很不凑巧，计算机技术大发展，使程序化交易的大众化成为可能。我们可以用计算机来代替根本没有交易经验的人。如果海龟法则和计算机的结合不能得到稳定的结果，那么"海龟法则"必将淡出历史舞台，但海龟的思想和尝试，是系统化逻辑思维的尝试。这一步到底是前进，还是后退？有些事情是在后退的极致中，顿然前进的。

网友对海龟法则的评价（优点）

● 海龟法则曾经是一套非常领先的交易系统，而且现在在国内期货市场直接套用，在以年为单位的周期内赚钱概率仍然很大。市场是不断进化的，能赚钱的交易方法总是领先时代的。利弗莫尔在没有K线、没有交易软件的年代自己画K线，用类似现在技术分析的方式寻找突破点，他领先于他的时代。海龟法则在技术指标还不多的年代，就已经形成了以趋势跟踪为核心、多品种分散、融合资金管理的一整套交易系统，它也是领先于时代的。现在照搬海龟法则，自然很难赚钱，但是海龟法则的理念仍然可以帮助交易者。

● 海龟法则是草根交易者能接触到的最完整的交易系统，虽然已经有点儿旧了，但对形成自己的交易思路非常有帮助。第一次看到海龟法则时，我就感觉完全停不下来，用了一天一夜看完了，后面又看了很多次。《海龟交易法则》和《通向财务自由之路》是对我形成交易系统帮助最大的两本书。作为普通交易者，总不可能去做什么高频交易、市场中性策略、神经网络之类的私募基金、对冲基金使用的系统吧。而且现在能够盈利的策略，开发者不是讳莫如深就是本身理解起来难度极高，草根交易者很难接触到。

网友对海龟法则的评价（缺点）

● 海龟法则的缺点实在太明显了。回撤太凶残了。这种回撤基金公司敢用？客户分分钟全部赎回。别跟我扯什么趋势跟踪、长期看收益高之类的。题主既然做过测试，应该知道50%的回撤在海龟里面出现的频率不低，而这个还只是平仓盈亏而已。如果你按照实盘跑过海龟，就会知道按照每日权益计算的回撤比这还要高。这样的一个系统，你在实盘的时候凭什么相信后面会赚钱？

● 不仅回撤大，海龟交易还有一个趋势跟踪共有的问题，就是浮盈回吐，这一点非常反人性。由于海龟法则的加仓方式，浮盈回吐的程度要远高于其他趋势跟踪系统。想象一下这样一个场景，CU合约发出买入信号，你根据系统果断买入，后面连续加仓直到4个单位满仓。接下来行情不错，继续上涨，没几天就赚了20%，你心里是不是暗爽不已？可是行情从来都不会顺着你的想法走，过几天回调开始了，赚到的20%全没了，还触及止损价被迫平仓，做过实盘的都知道这种情况是什么感觉。对于海龟法则，这种情况是家常便饭。你确定能忍受这样的折磨并相信后面会赚钱？那一定是真爱啊。

● 再说一段经历，2008年时我在MACD论坛跟踪国内比较有名的草根海龟henrrry的实盘，看着他把四五万元做到20万元。其实最让人佩服的不是收益率，而是他的纪律性。在一年时间里，资金曲线起起伏伏经历了多次回撤，也曾经连续几个月震荡看不到方向，但henrrry坚持了下来，捕捉到了金融危机带来的大波动。henrrry的实盘鼓舞了不少海龟，也让我对海龟有了更多的思考。

我个人的程序化尝试

2009年，我已经做好了尝试程序化的前期准备。上半年的研究生课程刚好学完了金融建模。和同小组一个会使用MT4EA的同学一同捣鼓程序化交易。我负责策略搭建，其中参数选择也是使用金融建模的方式，通过随机漫步原理，选取参数。这样能够保证完全的程序化。

我录入了2009年3~6月的数据，当时做1~5分钟欧美短线趋势系统。那时，我根据经验判断，既然做超短线，只要一个季度能跑出来，那么每个季度都应该能跑出来。我当时认为，日上级别对超短线系统的影响应该是不大的。

图3-1至图3-5是策略的小部分截图，我也保留了这个系统，留作纪念。

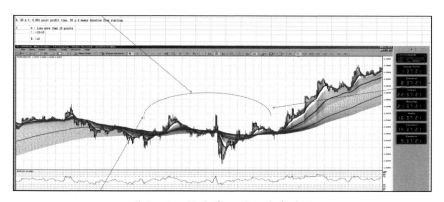

图3-1　微缩展示图之均线系统

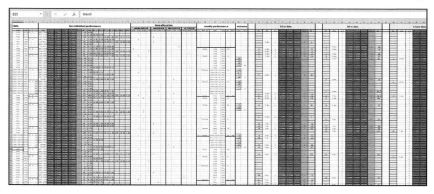

图3-2　微缩展示图之数据录入（只是展示，不用看数据）

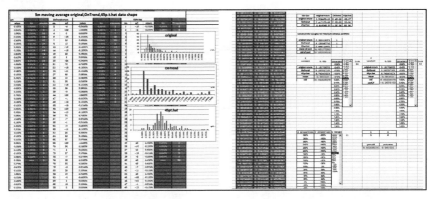

图 3 - 3　微缩展示图之策略比较（只是展示，不用看数据）

图 3 - 4　微缩展示图之参数优化（只是展示，不用看数据）

图 3 - 5　微缩展示图之杠杆选择（只是展示，不用看数据）

这个系统是我 2009 年设计的，这是其中的参数和策略优化部分。我展示这些截图，是为了告诉大家我花了很多精力，只是为了机械地找出最优参数和最优策略的匹配。只有找到了这个，才会有第二步，让程序员按匹配的最优结果去编写交易程序。

很多程序员到处向别人要策略和参数，然后自己编写程序。这叫什么？如果这个能赚钱，那所有程序员就都能赚钱了。理论上应该有两个人配合，一个精通交易策略，一个精通程序实现。

我在这个程序中录入了 3 ~ 6 月的数据，运行结果是：如果不加杠杆，我可以赚 3 倍；如果加 20 倍杠杆，我可以赚 12 倍。我们俩当时就激动了。于是一起筹集了几万美元，来跑一跑 6 ~ 9 月的市场行情，结果是亏损。坚持跑，就一直亏。跑了两个月，快跑没了。

回头看看日图。2009 年 3 ~ 6 月是有中级别趋势的。但是 2009 年 6 ~ 9 月是 EURUSD 日级别的比较极端的窄幅震荡，分钟级别就是宽幅震荡。好不容易搞了个分钟级别的趋势系统，紧接着就是在一个季度的极端窄幅震荡环境里面跑。你听过剐刑吗？

如图 3 - 6 所示，6 ~ 9 月这 3 个月是一点趋势都没有，好巧不巧地被剐了 3 个月。这是老天的安排，一丁点儿机会都不给，逼得我不得不痛定思痛。我不得不承认，分钟级别的短线，也是会受到日上级别牵制的，或者讲日上级别决定短线。2009 年的时候，虽然我没有能力从理论层面上指出程序化的弊端，但当时我只是被剐怕了，所以一直不敢再碰程序化。

图 3 - 6 2009 年欧元兑美元日图

猴 子 炒 股

- 一部分人选择程序化，是因为程序能帮他解决执行不坚决的问题。也就是说，程序能做到知行合一。这个想法挺有意思，搞出一个程序、机械化的运作，就能直接达到王阳明的境界。

- 一部分人选择程序化，是为了一劳永逸。但我实际体验的结果是"一劳永别"。

- 一部分人选择程序化，就是为了显示"高端"。这部分人就是喜欢谈论高科技，谈论超高频。他们已经养成了以谈论"高端"为荣、以涉及"主观"为耻的扭曲心态。

现在的"高端"叫高频量化，20年前的"高端"叫程序化交易，30年前的"高端"叫"交易体系"，100年前的"高端"叫技术分析。在负和游戏的规则下，没有新鲜事物。

2015年上课的时候，我提出一个问题：程序化何去何从？我得出了下面的结论：

- 结论1：首先，程序化一定是短线交易，如果不是短线，那么就没有必要程序化了。

- 结论2：短线又被日上级别干扰和牵制。因此，结论1和结论2互为矛盾。

2022年，我在写这本书的时候，我回顾了这几年比较火的量化策略——指数增强。再对照一下2015年的两条结论：

- 结论1：通过程序化在短线上优选成分股，做出阿尔法收益。

- 结论2：指数增强策略全盘接受市场"贝塔"，也可以认为全部接受日上级别的波动。

没有解决任何问题。

没什么新东西，实际上就是新"阿尔法"策略加上"贝塔"的新赛道。"缝"一旦大了，就会吸引其他机器人来关门。从历史情况来看，如果机器策略成功了，就会有更多的机器来挤兑。这就不可避免地造成了赛道挤兑。一旦挤兑，同赛道上的差异化就不大了。最终的价值体现就是选择赛道的能力。而切换赛道的能力又是主观能力。

人可以认知"有"，但不可以直接感知"无"。人也可以感受"有无相生"中的那个"无"，或叫"有无相间"中夹带的那个"无"，或叫"有序"（非秩序）中的那个"无"。举个例子，《老子》中说"无名"，如"无名之朴""道隐无名"。无名不是没有名字，而是"无名之名"。第四章我们会讲到"历史连续""历史积淀"，会讲到"统一、响应、看齐"。"连续、积淀、统一、响应"都不是名词，但我们人类很容易就能明白其中的意思。

机器能认知"无名"吗？机器能够评估一幅画吗？机器能够评估一首诗吗？机器能够评估音乐演奏吗？机器可以获取数据，叫大数据信息，但不能获取信息的内涵。所以，机器的作用就是做尽"有"，从而尽显出"无名"留给人类去识别。机器一方面剥夺了某类人的价值，另一方面又"尽显"了某类人的价值。

如此说来，机器也是有价值的，就是高效地完成"有"的那一部分。所有的量化团队都被迫参与这场比拼。大家都在看，谁在这场比赛中爬得最快。赛道化是量化的必然结果，是自讨苦吃。如果能在"有"的一面做到赛道顶尖，你也一定能挣到钱。甚至在某些年份，你可以挣到大钱。做程序化的，只要有赛道，只要能排在前面，就一定能挣大钱。

搞交易系统的人想让猴子学会炒股，最终结果是，人学会了精准爬树。不要把精准爬树这件事情说得太高端，其本质就是爬树。很多团队想方设法地把精准爬树这项运动包装得很高端，参赛人员要在华尔街爬过树，要名校出身。一个接触股市不到 3 年的人可以管理数十亿元资金。你不能说这样不对，这个行业几百年来一直如此。

这是一个行业的现象，大家手拉手站在程序前面享受着掌声，又手拉手躲到程序后面避开了唾骂。程序就是那个干活的，而且永远不会为自己辩解；程序的使用者，或发言人，大概率是个高才生，大概率也不知道问题出在哪里，但他会用概率论去捍卫。你不可能奢求他会从失败中说出敬畏，他只会从失败中说出捍卫。

很多话术是这样的：从历史概率上看，我们的策略是没有问题的，这是一次被计算在内的亏损（不要慌，也不要赎回）；如果计算在内的亏损突然变成计算之外的亏损，那么大概率是，大家都会亏损，是系统性亏损（大家都亏损，所以不是我们的问题，是系统性问题）。但我们会纳入这次失败的数据，形成新的概率，我们的程序正在迭代（你虽然亏了钱，但是你将会看到更好的程序）。

可怕的不是无知，而是大众对无知的成功捍卫。这个世界一直如此，因此，这个世界并不友好。人生的唯一目的是什么？很多人都能说出正确答案：修。因此，这个世界的不友好，就显得非常合理了。这个市场的不友好，就显得更加合理了。

系统性逻辑，程序化交易，到底是猴子炒股，还是人在爬树？无论走哪条路，你心中必须要有正确的朝向。万一走对了，你就离彼岸更近一步；万一走错了，也不一定是坏事，一旦你纠正错误，可能会取得一次比较大的顿然进步。

在我的经历中，这两者交替出现。很多人都在比较渐悟和顿悟，大多数人认为顿悟是正确路径中积量变为质变，但我的体会是，顿悟更像是在深度错误中的幡然醒悟，然后顿然前进。所以，关键不在于怎么悟，而在于方向。下面聊一聊其他方面。

反身理论

我是借助《老子》和几千年的中华文化铺垫，才在这个领域有所感悟的。索罗斯，一个犹太人，能想出反身性，是非常了不起的。

索罗斯自己也发现很难把反身性表达出来，因为没有文化铺垫，没有语言基础。所以每当索罗斯讲反身性的时候，就会发现语言的缺失。但更可惜的是，西方人对反身性不感兴趣，因为西方社会缺少滋养反身性的文化基础，所以说，很可能有一天，索罗斯不在了，反身性也会随他而去。

我现在还没有精力把反身性梳理出来，但根据我对它的大致了解，反身性有"道"的味道，有"迭代"的味道，但缺少介质，缺少工具。我想在不久的将来，在心无杂念的时候，我会将反身性梳理一遍。毕竟，这么伟大的发现，不能让他随风而去。我们把反身性种在东方的土壤里，看看能结出什么样的果实。

我愿意赞美反身性，但对于索罗斯，我们不能只说好不说坏。

全军覆没

媒体报道：

金融大鳄索罗斯旗下的量子基金 2013 年回报高达 55 亿美元，回报率 22%，是该基金 2009 年以来的最好表现，成为当年回报率最高的基金。这一战绩也使其击败绝对阿尔法基金，重回全球最赚钱基金宝座。另根据投资公司 LCH 统计，量子基金自 1973 年成立以来，累计投资回报 396 亿美元，稳居各基金之首。此前由于要规避美国当局的监管，量子基金于 2011 年宣布不再向外部投资者开放，只专注于家族资产管理。

实际情况：索罗斯巨亏 50 亿美元

- 2000 年 2 月底（如图 3 - 7 所示），量子基金清光了所有科技股，想避避风头。

- 此后数天，纳斯达克涨势不减，稍微震荡了几下，又猛地蹿了上去。

- 索罗斯很纠结：不入市吧，别的基金业绩快速上涨，入市吧，又担心科技股崩盘。

- 量子基金空仓了一段时间，最终还是抵不住诱惑，重返市场，二度重仓科技股。

- 2000 年 4 月，在老虎基金倒闭了 1 个月之后，科技股的泡沫终于破灭了。

- 纳斯达克指数暴跌，无数科技股变成了废纸，此后两年，美国股市 5 万亿美元市值灰飞烟灭。

- 索罗斯被套住了，量子基金在 1 个月之内巨亏 50 亿美元。

- 4 月 28 日，量子基金也凉了，只比老虎基金多活了一个月。

- 遥想当年，两位大鳄在全球金融市场呼风唤雨，败在二人手下的央行不知有多少，但现在回到美国，炒个股票竟亏到基金破产，真的是"股市有风险，入市需谨慎"。

- 索罗斯和罗伯逊在 2000 年遭遇清盘之后，全球宏观的黄金时代也跟着落幕了。

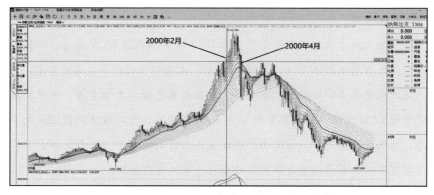

图 3-7　纳斯达克指数 2000 年的上涨与下跌

有的文章说量子基金在 1999 年的时候已经清盘，转而以量子捐助基金继续募资。尽管索罗斯名气很大，但如果你长期投资量子基金，最后到底是赚钱还是亏本就很难讲了。

看一看索罗斯的经典名言："重要的不是判断对和错，而是你在看对时下了多少注，在看错时又下了多少注。"

这句话怎么理解？就是：你万一看错了，还下了重注，你瞬间就死了，还挺痛快。敢于说这句话的人，一定对自己的判断力相当有把握，所以太敢说了，太敢就是"勇于敢"。结果就成了这句话"勇于敢则杀，勇于不敢则活"的经典案例。

索罗斯还是厉害，他在改变。梳理一下索罗斯的思想，你就能搞明白投机的要点。索罗斯 2000 年后的操作风格逐渐演变成了"固定收益 + 期权"。所有的风险都在期权里面被遏制得死死的，收益却有可能达到预期。但对交易者的要求是：你不但要能判断行情，还要在行情爆发的前期买入。

如果你对时机的把握可以达到"真极"水平，那么就可以通过买入"虚值期权"来模拟标的物的投资收益，风险完全可控。达到"真极"的人，可能"真无"。索罗斯在 2000 年后如此成功的操作，也仅有一次。

索罗斯 3000 万美元做空日元，狂赚 10 亿美元

2012 年夏，当遭遇 9 级地震的日本开始大量进口原油时，索罗斯便预测日元会贬值并积极寻找机会做空。2012 年 10 月，在得知"渴望"日元进一步量化宽松的安倍晋三当选首相概率最大，同时发现大量日本资金从澳元高息资产撤回国内后，他感觉时机已经来临。

为了筹集巨额建仓资金，索罗斯大量抛售股票。美国证券交易委员会的文件显示，索罗斯卖出通用汽车与通用电气的股份，并且其基金在上一季度售出了 110 万股 LinkedIn、26 万股亚马逊以及 250 万股 Groupon 的股票。

索罗斯基金会的主要策略是大量买进押注日元贬值与日股上涨的衍生品投资组合。据了解，其主要做空的日元头寸，集中在执行价格为 90 ~ 95 区间的日元敲出期权（也称障碍期权，即当日元大幅下跌时才能赚钱，但跌破一定水平就会作废的期权）。

为什么索罗斯要采用敲出期权而非直接卖出外汇期货的方法做空日元呢？因为这些期权的价格极其便宜，使索罗斯能够在风险有限的情况下，以极高的杠杆率获得高额收益。当时索罗斯购买这些期权大概只花了 3000 万美元，这些期权即使全部亏光也不过只占当时量子基金 200 多亿美元资产总量的 0.15%。但其做空日元净赚 10 亿美元，收益率高达 33 倍，而同期日元不过下跌了 10%。

简单解析一下这笔操作和整体账户的关系：

- 期权费用：0.15%，最大亏损0.15%。剩余资金：99.85%。
- 赚10亿美元：收益5%。

从整体上看，这一次操作只是贡献了5%的收益，不足为奇。单从这笔期权上来看，盈利33倍，惊爆眼球。也不知道索罗斯尝试了多少次0.15%，才成就了这一次33倍。但索罗斯毕竟是索罗斯，几乎每隔十年就会有一次惊人之举。换成普通人，也许一辈子也碰不上一次。

既然讲了索罗斯，就要简单谈谈"股圣"彼得·林奇和"股神"巴菲特。当然，有人会讲，人家是股神、股圣，高高在上，你是庶人，应该仰慕，不该不敬。那你去仰慕好了，再跪下去，这样可以把头仰得更高。我也仰慕过索罗斯，也仰慕过利弗莫尔。你开始于仰慕，但不能一直仰慕。

37岁以前，我仰慕过不少人，但唯独没有仰慕过自己。我的生命中已经有过许多不同寻常的体验，我的人生已经不同寻常了，何必一定要仰望他人呢？"乌鹊双飞，不乐凤凰，妾是庶人，不乐宋王"。

时间不语

你看看美国股指1900～2000年的涨势，尤其是1990～2000年，真的是太漂亮了。如果你再看看近20年的美国股指，那也非常漂亮的。美国股市是名副其实的"大漂亮"，才有可能孕育出"股圣""股神"。

在中国股市，你想要成为什么样的人呢？

看看历史上最搞笑的股圣——彼得·林奇。彼得·林奇掌管麦哲伦基金长达13年，这13年的年平均复利报酬率达29%，投资绩效名列第一。由于资产规模巨大，彼得·林奇在13年间买过15000多只股票，其中很多股票还买过多次，赢得了"不管什么股票都喜欢"的名声。

彼得·林奇利用13年历练获得的投资经验在1990年做出判断，现在大多数股票价格都太高，未来的机会不多了，所以在1990年毅然决然地退出了历史舞台。他得到了区区1300万美元的酬劳。20世纪90年代中期，他还到处演讲，2000 年后就不好意思频繁出来了。

多可惜呀，如果能坚持到 2000 年，估计他会与巴菲特难分伯仲。2000 年后，他在世界范围内也许能和巴菲特分庭抗礼。

再看看巴菲特。巴菲特说要持续阅读，时刻保持活到老学到老的态度。结果就是越老越不神了。

- 1976 ~ 1998 年，46 ~ 68 岁的巴菲特表现神勇，22 年内取得了 29% 的年化复合收益。

- 此后近 20 年间，巴菲特的表现平平，收益率显著下降，并罕见地出现了两年亏损，且多年的收益率仅为个位数（2009 ~ 2019 年，巴菲特的投资收益率是 147.32%，远低于标普 500 指数的 298.43%）。

近 20 年，是科技类股票引领美指的 20 年，而巴菲特热衷的领域是消费类，他的风格从未有大的改变。这就是他这 20 年与主要趋势失之交臂的原因。

时间不语，却什么都说了：彼得·林奇神了 13 年成了"股圣"，巴菲特神了 22 年成了"股神"。美国股市神了 100 多年，孕育出了这一"神"一"圣"。这就是美国 20 世纪下半叶孕育出来的"真无"。国外的投资者是什么情况不太清楚，中国在所谓的基本价值投资领域，尊巴菲特为"亲爸爸"，而中国的巴菲特总是昙花一现。在"太虚幻境"中，老天定"真"，众生妄"假"，你如何看待股神？

从世界范围来看，有不少人被冠以"股神"之名，如美国的巴菲特、德国的安德烈·科斯托拉尼、日本的是川银藏，等等。你看看德国和日本的股神，他们哪一个历史阶段比较神，现在还神不神？

江湖险恶

咱们国人很可爱，总想在中国的土壤中把自己浇灌成索罗斯、巴菲特。殊不知，巴菲特也不知道自己怎么就成为巴菲特了。巴菲特和他妻子的约定是，只要赚到 400 万美元就回归家庭。全世界都知道，巴菲特后来失约了。巴菲特的妻子也非常讲道理，默默地把儿女抚养大后，搬去了公寓，远离了巴菲特。

刘邦也不知道自己怎么就做了皇帝，他在当皇帝的前一个晚上还不敢确定自己能当皇帝。所以说，我们不能讨论"刘邦如何成了皇帝"。巴菲特不能教育他的儿子成为巴菲特，索罗斯不能教育他的儿子成为索罗斯，可他们都在教育别人。他们也苦苦寻找了十几年，却找不到接班人。刘邦犹犹豫豫地选了个刘盈，还被生母给吓残废了。你说我们这些外人，老是想研究如何才能成为"股神"，有意思吗？

无论怎么探讨，我们都不可能成为"股神"，但我们还是要探讨。为什么？

江湖险恶。越来越多的媒体、越来越多的机构，借助巴菲特那 22 年的复利奇迹，误导广大群众：来理财吧，来跑赢通胀吧，你不理财，财不理你。结果是，很多人抱着跑赢通胀的想法，结果却是倾家荡产。在没有全部搞明白以前，记住一句话：你不理财，财不离开你。

我的资金，既不想因这个市场的通胀而贬值，也不想因这个市场的误导而被收割，我本人也不想因股神股圣的光环而心生妄念。我们的目的是"三不"：不被贬值，不被收割，不被成为巴菲特。也可以说成：不被老天抛弃，不被老天收割，不被老天虚设。

我很庆幸读懂了市场，如果能用得到的经验去读人生，那么我就不用活得那么迷茫、那么辛苦，就不会努力了一辈子，最终却成为滋养天选之子的肥料。不知道若干年后，我会不会向庄子靠拢，在股市中"逍遥游"。

第四章
指趋说逝、趋趋不逝

很多人担心读不懂这一章，其实不用担心，我会用高中的知识框架来讲"道"，也就是用语言（语文）、历史、地理、大治（政治）来讲市场的"大象无形"。我们既然生活在这个文化环境中，你只要进门了，一滴水也可以映射出大海的信息。这个框架，也叫透过现象看本质：

- 语言课：学习"透过表象看隐情"。
- 历史课：学习"透过历史看连续"。
- 地理课：学习"透过地方看天圆"。
- 大治课：学习"透过战线看统一"。

罗素在《怎么阅读和理解历史》一文中这样说："对历史的透视能够使我们更清楚地看出，什么事件和哪种活动有着永久的重要性。"本章我们就是要解读"永久重要性"这五个字。历史的永久重要性是什么？地理的永久重要性是什么？大治的永久重要性是什么？市场中的永久重要性是什么？《老子》的永久重要性是什么？

本章我们还会详细阐述读《老子》的方法，或者讲悟道的方法："指道说非"。很多人都在翻译《老子》，但就算一句话翻译成十种意思也不是正道。找对方法，瞬间读通。

共同宿主

我尝试了大部分交易方法。如果说有 100 种方法，只要你想知道，通过网络就能查到。那时，我也算是研究生水平，有一定的能力辨"真假"，所以在这 100 种方法中，我还是有能力判断其中有 70 种方法是假的。我在第一重境界里面待了两年，这个已经很不错了，有很多做交易 10 年以上的人还停留在这个境界。

从第四个年头开始，我逐步进入了第二重境界：辨"有无"。2011 年，我写下了很多文字，并于 2012 年和 2013 年逐步在网上发表，也宣告我开始在第二层境界里面折腾。当时我不知道那是第二重境界，只是后来进门了，才以这个门为标准划分了三重境界：门外辨真假、门口辨有无、进门不说话了。剩下来的 30 种方法，自己有能力认知的，有机会尝试的，都会用真金白银地体验一遍。

大致又过了 5 年。还剩下七八种方法，我割舍不下了。此时，我发现一个现象，越是最后剩下的方法，比如反身性、混沌理论、基本价值，越具备一定程度的"道味儿"和"迷味儿"。那么结论就是，它们都是最后没有办法再舍去的东西了。它们是同一个灵魂共同的宿主。

在 100 种方法中，"道"是最终剩下的，没法再舍去了，如果再把"道"舍去，那就一无所有了。要么选择离开这一行，永远别回来，要么问自己一句，舍"道"其谁呢？

什么叫同道中人？就是同一个灵魂下，不同的人。这一群人聚在一起，理顺了，就会有能量。什么叫"交易之道"？就是在最后剩下的七八种方法中，你找到了它们共同的那个东西。你不必去比较"反身性"和"基本价值"的好坏，而是要理解它们是整体的共同组成部分。

在《老子》的统领下，我对剩下的那七八种方法反复思辨、鼓捣、关联。时间长了，总有些东西，它按捺不住了，它要浮现。等它浮现了，我就既读懂了《老子》，也打通并理解了那剩下的七八种方法。

进了门之后，我就有能力以"道"为灵魂，去"浮建"这个市场的认知体系。我本来打算先讲"股道"，再讲各种方法理论，再讲技术工具，因为这是比较传统的办法，但是这种方式缺少"道味"。道的表达方式是什么？——"指道说非"。所以"一边浮建，一边远离"，才是这本书该有的风格。"浮建"完了，你会发现你既没有留下什么具体的规则，也没有留下什么具体的模型，你会发现你好像一无所有，又好像基本都有。

这一章，我们要从市场的自身去探讨，从市场自身逐步浮现，并透露出可供交易的那个部分。我们没有额外的交易系统，当市场从"大而无"变化发展到"大象无形"的时候，市场本身就是交易系统。我们将在这章详细了解"趋趋不逝"这个市场趋势的形成机制。我们在观察这个市场机制增强和减弱的变化过程中，要顺应其强弱变化调整资金仓位，以达到系统化资金管理的目的。

为了避免误导，我换一种方式解释一下。我们不去额外构建所谓的交易系统，而是以股市整体为交易系统。当我们不能识别这个股市整体的时候，就不去交易。当我们能够识别这个股市整体的时候，要根据识别的情况，逐步调整资金仓位。这本书启发大家用"道"的方式去识别这个市场，用"道"的方式去进行"资金管理"。具体怎么做，就是这一章所探讨的内容。

现 象 本 质

什么是文化？是琴棋书画吗？当然不是。文是知识，是表象；化是"化而为一"，是化通，是本质。简单讲，文化就是透过现象看本质的能力，是在"有无相生"的浮透中，透过"有"来看"无"的能力。《教父》里面有一句经典的台词：花一秒钟就看透事物本质的人，和花一辈子都看不清事物本质的人，命运注定是截然不同的。

在股市里面，这个太明显不过了。一个博士生肯定不是文盲，但有可能是化盲，他学富五车，却不能一化。在这里，我们以初中生的知识为框架，来"化"我们的认知，来培养看透市场本质的能力。我先把这个框架列出来，看看接下来怎样一步一步去呈现。

透过现象看本质（文化）：

- 语言课：学习"透过表象看隐情"。
- 历史课：学习"透过历史看连续"。
- 地理课：学习"透过地方看天圆"。
- 大治课：学习"透过战线看统一"。

第二章学到的技术工具是"形线"，形线是市场的语言，是一个股票的表达工具。当"形线"迭代波动到"自相似"的时候，则这个股票"有话要说"。然后，我们就完成了第二章的全部内容，我们"技止"了。

接下来，我们要去了解历史、地理、大治。经过这四个方面的认知，并逐步搭建起来的建筑，就是交易者的"福田"。等到气运来的时候，再以远离"非"的方式聚福气。另外，第三章已经描述了市场参与者的三重境界。在市场中，参与者应该具备自我关怀和自我审视的能力，关怀和审视什么？——"方寸心田"。

只要这两块"田地"没有太大偏差，我也就做完我该做的事情了。下面我们从历史开始吧。

历历在目

"对历史的透视能够使我们更清楚地看出，什么事件和哪种活动有着永久的重要性。要学会从它们的历史背景去观看当代的事物，并把它们想象成它们若是在过去时所会呈现的那样子，这种习惯会有助于健全而冷静地判断的。"

——摘自罗素《怎么阅读和理解历史》

上初中的时候，每次历史课开始时，老师总会让我上讲台背诵上一堂课的内容。因为我不喜欢历史，不喜欢背诵，而且历史也不是中考科目，所以找不到要背诵历史的理由。每次上台的胡写，都会成为全班同学的笑话，成为老师的尴尬。到了高中，还是那位历史老师，不可否认，她历史讲得非常好，她对我的态度，也因为我是个老病号而缓和起来。但对于历史，我还是喜欢不起来。

市场真是一个很奇妙的领域，它可以改变你的认知和喜好。我还是不喜欢背诵历史，这点没有改变。历史中需要背诵的那一部分，大概率都是"真假难辨"的。虽然我没有背好历史，但不妨碍我发现历史中具有永久重要的部分。

所以我们学习历史，不是去判断历史事件的真假，而是要了解历史发展到某个阶段时，逐步浮现出来的历史底蕴、历史积淀、历史连续、历史潮流、历史拐点、历史转折等。像"底蕴、积淀、连续、潮流、拐点、转折"这类描述历史阶段的词语，你看不到，摸不着，但也能理解。这些就是"无名"之词。而这些"无名之名"才是历史中永久重要的部分。

- 历史（底蕴、积淀、连续、潮流、拐点、转折）是历史"无名"，无名不是真的"无"，而是浮现出来的状态，因为是"浮现"和"状态"，所以无法"命名"。

- 这个才是永久重要的部分，这部分是"无名之名"，是历史的"道隐无名"。

- 我们在第二章学到了形线，这个工具有利于我们直观地看见"底蕴、积淀、连续、潮流、拐点、转折"从若隐若现到浮现的过程。

- 我们体会一个词，叫"历历在目"。

- 杰西·利弗莫尔在100年前就曾说过：华尔街100年没有变，100年以后也不会变，因为人性不变，历史重演不重复。

历史级别

"海龟法则"这一节得出了一个结论：我不得不承认，分钟级别的短线，也是会受到日上级别牵制的，或者讲日上级别决定短线。日上看三个级别：月、周、日。

我们可以在周和日的级别看"混沌介质"，看整个波动从迭代分形到"自相似"的过程。但在月的级别，就需要以"历史无名"的视角，看均线的波动方式，并冠以"无名"特征。

观察图4-1，回顾一下第二章的内容，图中的每一根均线都在指示并标出哪一个级别的市场视角？

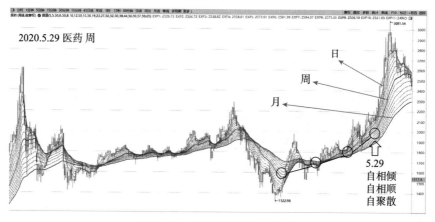

图4-1　周级别的混沌形态

我们在周级别看到一个比较漂亮的混沌迭代，迭代的末段是一个"自相似"，这个"自相似"具有"自相"的多重特征：自相倾，自相顺，自聚散。我们再以月级别的视角看这张图，看看能看到什么（见图4-2）。

在软件中，我是这样设置颜色的：中间粗线是红色，里面细线是灰色，外面的细线是金色。我们在图中看到的圆圈就是"周线上的混沌介质形态"在这张月级别图形上的微缩态。周线上比较长的迭代过程在月线上就是小波段。

在月级别图形上看均线组，我们看到均线组最外面那一根均线，就是以季线视角看到的这个市场大致的样子。

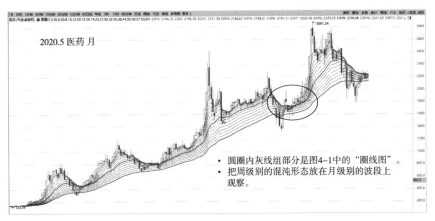

2020.5 医药 月

- 圆圈内灰线组部分是图4-1中的"圈线图"。
- 把周级别的混沌形态放在月级别的波段上观察。

图4-2 月级别的历史形态

中国股市发展了30多年，能看到的最大级别就是月级别了。月级别就是中国股市的历史级别。以月级别为历史级别，在月级别看"无名"，辅以周级别去看可能存在的更加精确的混沌介质形态，这有利于我们相对更精确地把握时机。这个周级别的混沌介质是可能存在的，但不是一定存在的。

比如我们在月级别看到了"无名"，我的操作建议是可以埋入资金；如果我们在周级别看到了混沌介质，我的操作建议是可以买入远期虚值看涨期权；如果这个混沌介质越发地"隐情浮现"，我的操作建议是买入近期虚值看涨期权。

青史无名

"无名"大致分两类：小无名和大无名。我们先看小无名，再看大无名。

如图4-3所示，中间那根相对较粗的线是红线，我们按照第二章的步骤设置均线后，可以看到所有均线的颜色。比红线级别更大的线组是金色的。我把这个线组称为"历史背景线"。我们不用去关注具体的均线参数，而是要观察背景特征，即背景和灰线的结合特征。

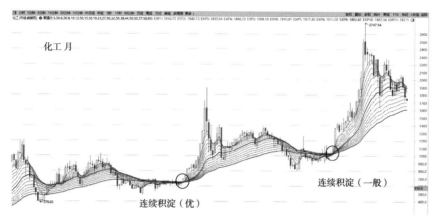

图4-3　历史形态上的连续积淀位置

形态上，下沉后多次连续波动，积淀成了下一次发展的历史底蕴。如果向内看周线，可以看到一个较为完整的混沌介质。连续积淀后，均线组汇聚到一起，此时隐约表达出的意思是：化工板块发展到历史阶段性一致，并有可能成为下一个阶段发展的"历史拐点"。

我们也不用在一张图上花太多精力，不能陷于技术细节。你拿这张图上的（优）形态和（一般）形态做比较，（一般）形态的后期发展反而优于（优）形态。所以说，就算你终于等到了一个完美形态，也并不能指望它后期会有完美表现。

有的时候，当历史级别能量呈现的时候，部分形态迭代完成度往往不高，也就是说还没准备好，就被迫上路了。有的时候，历史级别的形态已经浮现，但迟迟不加速释放，在你犹豫、怀疑不坚定的时候，行情可能瞬间爆发。

图4-4是月线上"连续积淀"的一般形态在周线上的情况。从周线上，我们可以看到一个大致的迭代过程，从大波到中波到小波，最终均线组汇聚，一目了然。

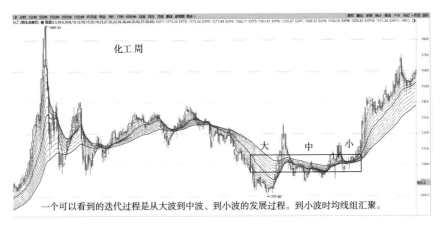

一个可以看到的迭代过程是从大波到中波、到小波的发展过程。到小波时均线组汇聚。

图 4 – 4　月形态在周级别上的情况

我们在看一张图的时候，看到这些信息就可以了，你想再挖掘更多的信息可能就偏颇了。一波行情至少是 50 个互相关联的形态推动的，所以在这张图上，我们得到的最多是 2% 的信息。

看完了历史拐点，我们看看另一种经常会出现的历史小无名：历史转折。因为转折形态本身耗时较短，除了迭代转折以外，我们也接受另一种普遍的转折情况：翻转转折。在图 4 – 5 中，我们重点看局部，就不去看整个形态了。

特征1：翻转转折　　下半部分均线组收缩，在位置1处汇聚；再翻转至上半部分均线组内部，并带动上半部分均线组收缩；越过位置2后，所有均线组汇聚翻转，倾斜向上，完成整个翻转过程。

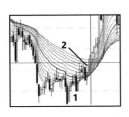
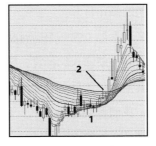

图 4 – 5　转折形态的两种主要特征

● 翻转转折：注意逐层翻转的过程。虽然很短，但也存在逐层翻转。翻转转折不建议单独使用，要和其他的历史无名关联起来评估。

● 迭代转折：大致上，迭代一次，逐层翻转一次，比较清晰（见第七章图7-8）。

下面我们看看大无名形态（见图4-6）。

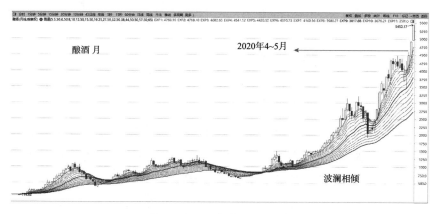

图4-6　历史大无名形态

大无名是历史大潮，我们经常听到这样的说法：要顺应历史潮流，历史潮流不可阻挡，不能逆流而行。注意是顺应潮流而不是激流。潮流是"前浪催后浪，后浪推前浪"，连续几次的"催"与"推"，形成了历史连续性，形成了浩浩荡荡的大无名形态。形态是"波澜相倾"。均线组自我倾斜、自我均匀的倾角打开。

这种大无名形态很难判断突破时机，一般来讲，建议在操作上埋入资金比较合适，要有长期埋入的打算，要能容忍深度回调。这种大无名形态从大方向说是安全的，如果是深度回调，要敢去想，市场是不是在提供更好的埋入点位。我们看到了小无名，也看到了大无名。我们在大小之间，就可以根据同时具有的均线组"特征"去识别中间程度的"无名"。

图4-7显示了介于大无名和小无名之间"无名"。两个位置都是第一波突破后，看看会不会持续发展。所以此时底蕴还在，有微微倾斜，有连

续性。这种形态，均线组聚散，历史背景线比较密集，说明此阶段蕴含底蕴。这种形态我叫它"密集涟漪"。

图4-7　历史级别上的密集涟漪

以上我们看到了几种历史无名态：连续积淀、逐层翻转、波澜相倾、密集涟漪。它们的共同特征是有"迭味儿"。我们见识了"小迭味儿"，也看到了"大迭味儿"。多在"迭味儿"上下功夫，我们最终的目的是"朝闻道"。"迭"是历史的有序态（注意是有序，不是秩序，本书不讲秩序）。下面我们来看看另一种历史无名态：历史孤立（见图4-8）。

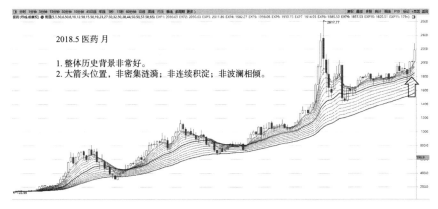

图4-8　从月级别上分析2018年5月医药板块

这个形态非常令人迷惑。在 2018 年 5 月的时候，所有其他行业基本上失去了活力，唯有医药板块的历史背景，从整体上看，一步一个台阶往上走。周级别（见图 4 – 9）是一个比较长的盘整形态，但这个盘整形态过于狭长。一个让人有安全感的迭代过程是由大波迭代到小波的过程，然后水到渠成地形成自相似。由大到小波动汇聚的过程是一个健康的过程。这个形态缺失这个过程，所以判定是不完全混沌形态。

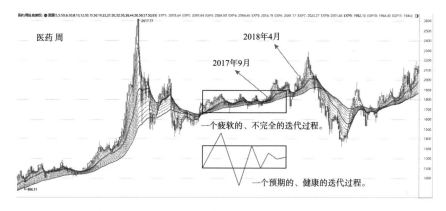

图 4 – 9　从周级别上分析 2018 年 5 月医药板块

此时我们得到了三个方面的信息，按照好坏依次排列：

1. 整体历史背景很好。

2. 周级别不完全混沌形态。

3. 月线箭头的位置，既不是小无名，也不是大无名。

像这种历史整体背景很好，但当下阶段不明确的形态，可以叫作"历史孤立"态。2018 年 5 月，当时所有行业都不尽如人意，我也只能买入医药板块。以后会讲到，我每一只股票的持仓最大不过 2%，此时我在医药行业持股不会超过 10 只。如果未来市场从这个位置下跌，可能我会被套住 15% ~ 20% 的资金，整体净值回撤最多 4% 左右。仅此而已。

在市场下跌的阶段，我曾经非常倾向于这种逻辑上的正向对冲交易，以向世人证明，在股灾期间，仍然可以盈利。但我在操作的时候发现了这样一个问题。比如 2018 年的下跌中，相对不跌的，或者讲起到避险功能的是石油和几大银行，都是大品种，全部加起来也不超过 10 只股票。就算我做好"对冲"了，盈利也就 3% 左右。但市场一旦反弹，我这 3% 可能也就缩水了。长期来看这样做反而不明智。

如果别人都亏 15% ~ 20% 的时候，你亏 4%，那也很不错了。如果别人都在亏，你反而赚了，你这个时候可以标榜自己很有本事。我敢说，当别人都在大赚特赚的时候，你可能就落后了。从长期来看，你每次亏的比平均少，赚的比平均多，就可以了。

如图 4 - 10 所示，2018 年 6 月开始市场下跌，最大跌幅达到 30%，然后迅速回归。像这类历史背景比较好的形态，我们还是要长期关注。多问问自己，多训练自己，预期它最终会以哪种方式回归，会不会形成"历史无名"，会形成什么样的"历史无名"。

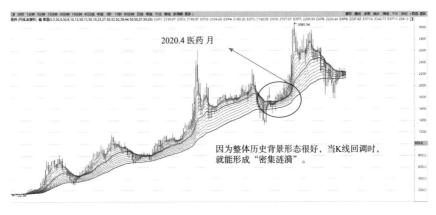

图 4 - 10　2018 年医药板块后续

至此，我们讲完了历史无名，述说了历史"底蕴、积淀、连续、潮流、拐点、转折"，下面我们再次总结一下迭代的方式：

大无名："前浪催后浪，后浪推前浪"，连续几次的"催"与"推"，均线组自我倾斜、自我均匀的倾角打开。从形态上看，是向上爬升式的迭代，前浪高过后浪。2018 年 5 月的医药板块并没有这种"催"与"推"，也没有前浪高过后浪。

小无名：密集迭代，均线汇聚。这种密集迭代在周级别上看，是比较完整的混沌介质，在周级别上可以清晰地看到从迭代发展到自相似的过程。

- 语言课：学习"透过表象看隐情"。
- 历史课：学习"透过历史看连续"。

目前，我们完成了语言和历史科目的理论部分。有人讲，从迭代来看，语言好像就是历史，只是表述的方式不一样。《红楼梦》是什么？是文学，也是历史，也是哲学，其中全是隐喻。缺乏历史背景的文学不值一看，缺乏文学表达的历史也没有多少人喜欢看。

越是大家都想知道的真相，就越会被隐瞒。越是大家没有兴趣知道的大事件，就越被推广。研究当下的人，都无法诉说当下。难道写进史书的都是真相吗？交易时，走势晦暗不明；复盘时，逻辑非常清晰。当你去看价格形态时，你到底要去看什么，技术指标还是基本面逻辑？我们要找出那个永久重要的部分，因为那个部分会重演。

看《红楼梦》我们要找出什么？看文学表达还是看历史细节？什么才是《红楼梦》中永久重要的部分？在永久重要的层面上去看语言和历史，语言和历史互为补充。所以我用混沌介质的范式说语言是为了方便说语言，我用历史连续的范式说历史是为了方便说历史。不要总是去找差别，而是要去体会，它们是同一个灵魂下不同的表达方式。

在语言中，我只能说隐情浮现。这个隐情在历史的冠名下，就可以叫底蕴、积淀、连续、潮流、拐点、转折。只要你把这些词说出来，就同时在表达"隐情"和"历史"。当你说出这些词的时候，你也就无需再去区分语言和历史了。

如果你发现一个大行业或大概念出现了像2018年5月医药板块这种历史背景整体很好，但其他方面缺失的情况，你要考虑什么问题？

如果市场出现了大行情，难道只有医药这一个板块一枝独秀吗？还是说像这种情况，不太可能出现大行情？在一个大指数级别的行情中，板块和权重股都扮演了什么样的角色？

带着问题，我们进入地理科目。

天 圆 地 方

以前不理解为什么要把地理归为文科。现在理解了：理科是解决"有"的问题，文科是解决"有无相间"的问题。如果你涉及地理中"有"的问题，地理就是理科；如果你涉及地理中"有无相间"的问题，地理就是文科。我们在初中背了很多的地名，记忆了很多城市特点、区域优势，但很少问为什么会在这里诞生城市，为什么会有这样的城市特点和区域优势。你多想一想就知道了，不只是因地制宜，而是那个地方就是制宜的结果。

中国汉族传统文化提倡"天人合一"，讲究效法自然，风水术中推崇的"天圆地方"原则，就是对这种宇宙观的一种特殊注解。"圆则杌棿（wùní，意为不安），方为吝啬"是西汉杨雄的哲学命题（语出《太玄·玄摛》）。"圆"指天，杌棿指动荡不定；"方"指地，"吝啬"指收敛。"圆则杌棿，方为吝啬"就是说：天圆则产生运动变化，地方则收敛静止。

"天圆"指运动变化，是气动；"地方"指收敛静止，是承载。

我生在南京，南京历史上曾叫过金陵、建康、江宁、应天府，是六朝古都。南京地方不大，历史又积淀了这么久，所以三步一个名胜，五步一个古迹。穿梭在这样的历史名城，有如穿梭在时空中，浮现王朝更替，浮现潮起潮落。我不禁想，为什么它是六朝古都？为什么都城设在这里的帝国寿命都很短？排在南京前面的还有洛阳、西安，为什么现在不再辉煌？

因为天在变，地不能决定天，地只能承运。

改革开放以来，沿海城市群逐步崛起。什么样的天，滋养什么样的地。在改革开放的重点地区，新兴产业如雨后春笋般涌现，带动城市发展，接连成片。我们看到了，沿海地带发展拉动内陆，主要经济区发展带动周边。

我们要的是：春笋涌现，接连成片。

我们再体会一下下面这两种情况：

- 2018年5月，医药板块孤独地若隐若现。你还愿意做进去吗？

- 2020年底，酿酒板块涨，工程机械板块涨得更厉害。券商首席哭着喊，不要再问我茅台什么还会涨，如果再有人问，我就说是推土机推上去的。贵州茅台和推土机的关系是什么？难道贵州茅台真的是推土机推上去的吗？存在即合理，也许是真的呢！

"春风"是市场中的"天"。在市场中我们看不见"春风"，但"春风"和"被滋养的股票群"是整体对应的。当有着某种"地域"关联的股票群集中涌现时，我们可以反过来指出对应的"春风"。我们预备好这种姿势：左手指着天（无形的气），右手指着地（即将要涌现的区域）。当有着某种"地域"关联的股票群集中涌现时，左手反过来就可以较为清晰地指出市场中的"春风"。我们需要关注的是，在市场里面，哪些领域可以涌现成片？至此，你不会再去专注于选股。你知道更重要的认知维度是：天圆地方。在可能形成的一片天地中选股，你选的股是三才股，是境界股。

股市本身以沪深300、中证500、中证1000指数，按照权重和流动性，划分成最重要的三部分。我直接把网上的介绍搬过来：

沪深300指数：该指数综合了沪深两市中市值最大、流动性最好的300只股票，是最主流的反映沪深市场整体走势的跨市场指数。虽然沪深两市合计有4000多只股票，但真正占比高、影响大的，其实就是最靠前的少数股票，沪深300指数300只成分股市值约占A股总市值的1/2，交易量约为全部A股的1/3，是最重要的宽基指数。

中证500指数：成分股票是由全部A股中剔除沪深300指数成分股及总市值排名前300位的股票后，总市值排名靠前的500只股票组成，综合反映中国A股市场中一批中小市值公司的股票价格表现。简单理解，中证500指数大约反映了全部A股中排名第301位到第800位股票的表现。早期因为A股上市公司数量比较少，因此中证500指数也被看作"中小盘"

指数。目前 A 股上市公司数量已经超过 4000 家，因此中证 500 指数其实已经成为中大盘指数。

中证 1000 指数：成分股由中证 800 指数样本股（包括沪深 300 指数成分股和中证 500 指数成分股）之外规模偏小且流动性好的 1000 只股票组成，综合反映沪深证券市场内小市值公司的整体状况。简单理解，以目前超 4000 家的上市公司总数来说，中证 1000 指数成分股基本也都排在前 1/2。

以上是按照权重和流动性，将市场划分为沪深 300、中证 500 和中证 1000 这三个部分。而我是依据权重、热度、"多数股票关联"和"少数股票关联"，把行情到来时所对应的"股票集中关联"分成了以下三种集中情况，我称这三种集中情况为"区域"：

- "关键少数"权重区域（简称"关重区"）：沪深 300 成分股。区域指数：沪深 300 指数、大盘成长指数，大盘价值指数。

- "关键少数"热度区域（简称"关热区"）：中证 200 成分股 + 中证 500 成分股 + 中证 1000 成分股。区域指数：中证 200 指数、中证 500 指数、中证 1000 指数（也可以叫"关键次级"区域，简称"关次区"，这个区域具备"次级"和"热度"的双重特征）。

- "绝大多数"区域：大盘上涨，两个区域都上涨。

对于每一次行情，首先要判定区域归属，其次评估在这个区域中能否涌现成片。通过这种方法，可以有效识别"特殊情况"，并判定是否"成气候"。

- 比如银行板块，主要权重银行股全在"关重区"，而银行又是"关重区"中的关键少数。关键少数中的关键少数的上涨，就能带动区域指数上涨。这时不需要大片涌现，这种情况就是关键小片涌现，区域指数也能上涨的特殊情况。

- 2018 年 5 月，医药板块排名前 50 位的股票分布在"关重区"和"关热区"。我们首先排除 2018 年的"关热区"，因为看一眼中证 500 指数就知道"笋"没有长出来。再看"关重区"里面的大致情况，那几只医药股票历史背景很好，其他权重股票不冒头。就这么几只"笋"，成不了气候。如果要以每只"笋"1%～2%的筹码买入，等待1～2年，等待这个区域的其他动静，也未尝不可。

两个步骤：判定区域归属；评估涌现成片（"关重区"评估核心是"权重"，"关热区"评估核心是"热联"）。下面解释一下，每个区域到底看多少只股票，以及怎么看。

关键权重

沪深300指数中，看300只成分股。沪深300指数半年更新几只成分股。一只股票看2～5秒钟，看一次不会超过30分钟。很多人说看指数出现机会，再做股票，这个就又开始"大道至简"了。

当指数出现机会时，拉动指数形成机会的那一小片权重股票可能已经在趋势上了。你这个时候也会发现有很多新的股票机会正在形成。如果指数是非常大的行情，这个时候买任何股票都可以赚到钱；如果只是那一小片起决定性因素的股票在拉动指数，那么你就会陷入指数涨而自己却亏钱的尴尬境地。

在上面一节我讲过一句话，"关键少数中的关键少数的上涨，不需要大片的涌现，就能拉动区域指数"。这种情况发生在2017年到2018年初。此时银行保险板块是主要推动力量，是关键少数中的关键少数在上涨，上证50指数涨过了沪深300指数（见图4-11）。在这样的上涨中，能买入20只股票就已经很不容易了。在这种情况下，如果你还在遵循沪深300指数涨了再买股票，那么结果就免不了指数涨，而你在亏。

这个就是"关重区"的权重构成所形成的区域特点。通过市面上的指数增强产品表现可以看出，沪深300的指数增强策略极不稳定，其稳定度远远低于中证500指数和中证1000指数。这个道理很简单，到底是沪深300中的上证50部分强，还是非上证50部分强？机器在微观层面不太容易给出答案。就算识别出来了，资金管理也不能一致。

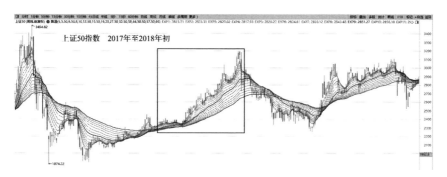

图 4 - 11　2017 年至 2018 年初上证 50 指数

简单来说，沪深 300 的前 20 名股票权重太重了，使得程序化的资金管理无法动态平衡。如果沪深 300 的行情是前 20 名股票拉动的，如果机器对前 20 名股票的资金配置达不到 50% 以上，那大概率是跑不赢沪深 300 指数的。在 7% 的股票上配置超过 50% 的资金，机器敢这样做吗？如果机器这样配置资金，那还叫机器吗？

而中证 500 和中证 1000 不会如此头重脚轻，且它们的成分股数量更大，所以资金管理宽容度更大。不难看出，这个区域才是程序化可以更好匹配的区域。回顾第三章程序化的内容，你愿意把所有的事情都交给程序吗？

关 键 热 度

"关热区"有 1700 只股票，我肯定不会全部关注。这个区的特征是什么？几乎所有的热点板块、新兴板块都出自这个区，这里也聚集了中小盘中最优质的股票。你应该把握好这个特征，把这三个板块的成分股聚集起来。打开"通达信"，按图示步骤操作（见图 4 - 12、图 4 - 13）。

把中证 200、中证 500 和中证 1000 的成分股全部选入"关热区"。此时"关热区"一共 1700 只股票，并按照流通市值排列顺序。我们看前 900 只股票就可以了（见图 4 - 14）。

指标A 窗口 MACD DMI DMA FSL TRIX BRAR CR VR OBV ASI EMV VOL-TDX RSI WR SAR KDJ CCI ROC MTM BOLL PS

关联报价 交易查询 市场资讯

	名称(500)		涨幅%↓	现价	细分行业	量比	涨速%	流通市值	换手%	市盈(动)
1	远兴能源	R	5.92	7.16	化工原料	4.45	0.00	234.62亿	1.83	9.94
2	康希诺	K	5.32	100.22	生物制药	4.88	0.00	67.46亿	4.34	--
3	启明星辰	R	4.93	30.63	软件服务	2.12	0.00	221.89亿	1.70	--
4	吉比特	R	4.86	479.14	互联网	2.96	0.00		.62	28.15
5	以岭药业	R	4.71	30.45	中成药	3.94	0.00		.61	10.58
6	纳微科技	K	4.11	45.60	化工原料	2.77	0.00		.37	372.50
7	易华录	R	3.99	32.31	软件服务	1.73	0.00	207.02亿	3.43	--
8	通化东宝	R	3.91	11.97	生物制药	3.15	0.00	238.19亿	1.08	23.82

3
打开
加入到板块
批量操作

关联品种 成份股 跟踪ETF基金 关联LOF基金 自选股 指数

图 4－12 批量选入

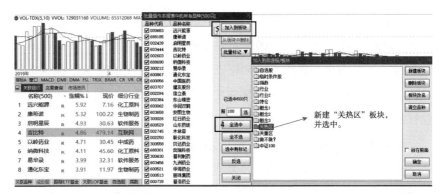

图 4－13 选入关热区（关次区）

自选股 持仓股 最近浏览

默认 指数 行业 行业2 持仓 概念1 概念2 概念3 热热区 关重区 3 4 5 6 7 8 9 10 11 12 做不做?

▼	代码	名称		涨幅%	现价	涨跌	买价	卖价	总市值	流通市值Z↓
1	300498	温氏股份	R	--	--	--	--	--	1224.15亿	956.18亿
2	002049	紫光国微	R	-1.40	134.05	-1.90	134.00	134.06	1138.90亿	842.78亿
3	600919	江苏银行	R	--	--	--	--	--	1107.72亿	817.57亿
4	600837	海通证券	R	--	--	--	--	--	1201.91亿	794.42亿
5	688981	中芯国际	K	--	--	--	--	--	3272.61亿	726.89亿
6	601688	华泰证券	R	--	--	--	--	--	1226.11亿	700.60亿
7	600089	特变电工	R	--	--	--	--	--	830.92亿	680.46亿
8	601169	北京银行	R	--	--	--	--	--	917.61亿	640.03亿
9	002027	分众传媒	R	1.25	6.48	0.08	6.47	6.48	935.85亿	630.71亿
10	300142	沃森生物	R	--	--	--	--	--	632.95亿	614.31亿
11	600570	恒生电子	R	--	--	--	--	--	765.70亿	607.02亿
12	688599	天合光能	K	--	--	--	--	--	1402.90亿	602.82亿
13	000625	长安汽车	R	-1.16	13.63	-0.16	13.63	13.64	1352.34亿	602.40亿

图 4－14 按照流通市值排名

剩下的股票就不用看了，看前 900 只股票足矣。每个月按照降序重排一次，每月看一次足矣。每天将上涨排名靠前的再看一遍，看看有没有突破性行情。我们的看图方式是：第一遍浏览，第二遍过滤。

1. 第一遍浏览：900 张图，看一次 2 个小时。把形态过关的品种直接收入筛选池。

2. 第二遍过滤：看筛选池，不符合"要求"的直接删除。符合要求的按照要求匹配资金。这个要求是：远离勉强形态，远离弱关联（关热区）。

从"通达信"软件上看，目前有 233 个概念，56 个行业，一共 289 个板块。按照市值排序，概念看前 100，行业看前 30。其他的小概念和小行业可以不看。

● 2020 年初（见图 4 – 15 中第一个矩形框），疫情干扰了整体形态，此时以元器件、半导体、5G、芯片为主要权重的板块，连接着不少于 10 个热联板块，齐头并进。注意，一只股票可能从属于多个板块。我们在齐头并进中判断的是气运，同时识别天与地。不要被股票的多重归属搞晕了，那就把简单的事情搞复杂了。我们在"脱颖而出"和"青胜于蓝"这两节，将给出中证 500 指数和热关联指数的比较。

● 2021 年中，化工、电气设备、半导体、工业机械、锂电池、光伏、新能源车为主要权重板块，连接着不少于 10 个热联板块，齐头并进。

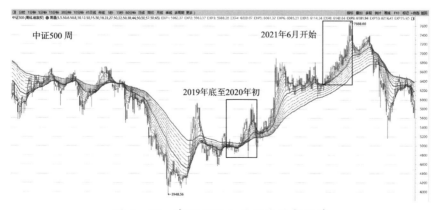

图 4 – 15　中证 500 上的两次局部行情

所谓热联板块，就是在某一次行情中，这几个板块形态上较为相似，共同主导市场主流热点，是这段行情中市场主流热点的共同载体。

"关热区"的行情，往往是数个权重相关板块齐头并进。如果我们在"关热区"发现了一只形态很好的股票，这只股票归属于旅游行业，但这个行业无法和其他权重板块关联。就算这只股票未来走出了一波行情，那它也是孤独地上涨，它本身没有"热联"的基因。这种情况我们可以不做，如果实在舍不得形态，也可以配比少量资金。

以"隆基绿能"为例（见图4-16、图4-17）。它出现了一个形态，虽然不能说很好。和它相关的板块多达十几个，其中有几个是权重板块：电气设备行业、光伏、特斯拉概念（见图4-18至图4-20），这几个权重板块是热联板块。所以说"隆基绿能"本身就有热联基因。这个就是地利，本身自带的。

图4-16、图4-17中圆圈所示位置是隆基绿能股票上涨的起始点。伴随着隆基绿能的主要热关联板块电气设备、光伏、特斯拉概念（见图4-18、图4-19、图4-20）的同步上涨，隆基绿能出现了井喷式的爆发。

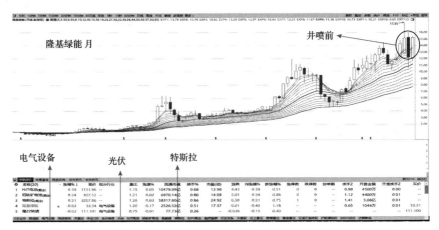

图4-16　隆基绿能月级别突破前形态

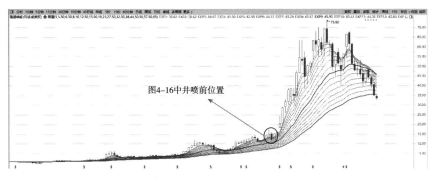

图4-17中井喷前位置

图 4 - 17　隆基绿能月级别突破后形态

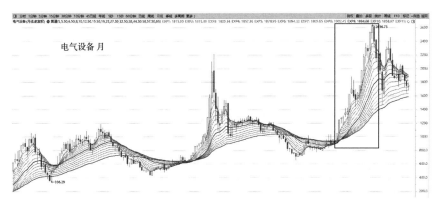

电气设备 月

图 4 - 18　电气设备月级别形态

光伏 月

图 4 - 19　光伏月级别形态

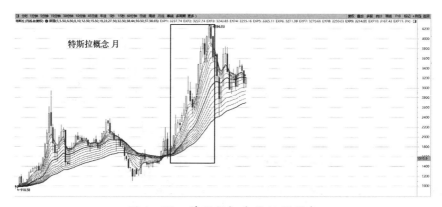

图 4 - 20　特斯拉概念月级别形态

我们来看一个黑天鹅事件：2020 年 2 月疫情黑天鹅。通过黑天鹅事件，看一看关热区的比较优势。

脱 颖 而 出

2020 年 2 月，新冠肺炎疫情暴发，节后开盘大部分股票连续两天跌停。国际市场更加惨烈。也许此时，你的持仓已经达到 60% 以上。怎么办？你愿意砍吗？

黑天鹅事件谁能逃过？你如果砍了，接着行情很快回归，怎么办？

对比图 4 - 21 至图 4 - 23，你可以发现，如果 60% 的持仓大部分都来自"关热区"，那么你最后的持仓表现要比市场整体好很多。尤其是对基金经理来讲，你的净值在赛道里面反而会脱颖而出。

黑天鹅事件来临时，我们不是不能亏，而是要亏得比别人少。那种一遇到风险事件就立刻平仓的人，大概率也很难抓到大行情。在发展的不同阶段，我们面对风险事件时，处理的方式是不同的。

但有一点，机遇和危机是同时存在的。如果你是个人投资者，你要怎么做，才能把黑天鹅危机变成黑天鹅机遇？这个问题先留给大家思考。

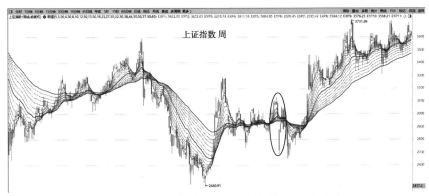

图 4 - 21　上证指数在新冠肺炎疫情开始时的表现

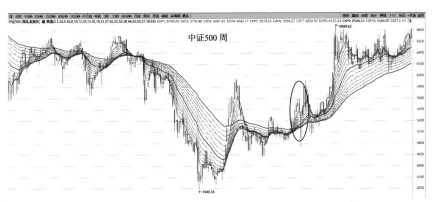

图 4 - 22　中证 500 指数在新冠肺炎疫情开始时的表现

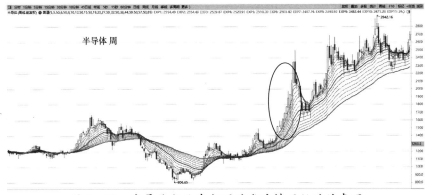

图 4 - 23　半导体行业在新冠肺炎疫情开始时的表现

青 胜 于 蓝

对于"关热区"来讲，我们依靠板块，可以比较清晰地浮现"热联"。对于"关重区"来讲，我们依靠板块，也可以比较清晰地浮现"权重"。对于"关重区"来讲，可以比较清晰地指出是哪一个权重极大的板块在引领"关重区"行情，是银行板块、还是酿酒板块？就算是不看板块，我们通过"关重区"内排名靠前的权重股票也能看出来。

但"关热区"相关股票多达 1700 只，就算是删减后也多达 900 只。这 900 只股票包含了大部分中证 500 的股票，以及中证 1000 中权重排名靠前的股票。这 900 只股票可以完全涵盖预期出现的某一热点，但这一热点又被 900 只股票的范围分散和稀释了。很多时候 900 只股票里面有 300 只在涨，此时中证 500 指数只是会微微上涨。

即使是行情已经走出来了，如果不借助板块热联，我也说不清楚到底是什么东西在涨。图 4 - 24 和图 4 - 25 在 2021 年（各自图形第二个矩形框）的对比显示得已经非常明显，也能进一步说明，我们不能只看股指去做交易，我们要找出起决定性作用的那一片。2021 年的"热联板块"明显上涨，可是中证 500 指数只涨了一点点。

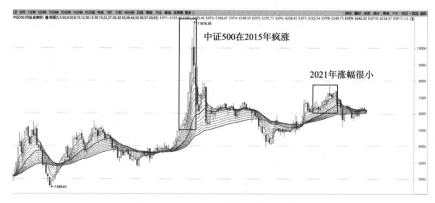

图 4 - 24　中证 500 的横向对比

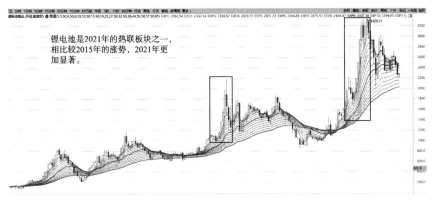

锂电池是2021年的热联板块之一，相比较2015年的涨势，2021年更加显著。

图 4-25　锂电池板块的横向对比

　　一旦有了"板块热联"，我就看见了，就浮现了。哪一波是和芯片科技相关的涌现、哪一波是和新能源相关的涌现、哪一波是和工业品相关的涌现，等等。900 只股票是底色，是"有"；但这个"有"是很大范围内的"有"，这个"有"被稀释了，被分散了。我们可以通过这个范围中的"热联板块"来聚焦。一方面，这些板块是逻辑相关的，另一方面，这些板块同时出现了可以识别的利好形态。这两个方面逐步清晰起来，也就是说逻辑越来越相关，形态越来越清晰。这个"越来越"是一个无法量化的"化"。基于 900 只股票的底色，在这个无法量化的"化"上，逐步浮现出可以识别的"热联板块"。如果说 900 只股票是蓝色，那么浮现出来的"热联板块"就是青色。

　　"青"这个字，深刻表达了中华文化中的"化"，是"化"的能力。如果"道"有颜色，一定是青色。青不只基于靛蓝的"有"，它经发酵，浮透出"有无"，这样"青"就从"靛蓝"中浮透出来了。"青史"才是中华历史中永久重要的部分；"青天"才是普天之下希望看到的天色。理论也好，认知也好，学说也好，垂"青"，才能"永垂"，才能叫中华文化。

绝 大 多 数

"绝大多数"区域，可以叫作 A 股市场的"绝大多数"。2020 年 6 月 19 日，沪深 300 指数、中证 500 指数和中证 1000 指数同时上涨。操作时，会以区域划分。两个区域，每个区域的操作方式是不同的。

至此，透过地方看天圆，我们完成了地理理论部分的学习。

- 语言课：学习"透过表象看隐情"。
- 历史课：学习"透过历史看连续"。
- 地理课：学习"透过地方看天圆"。

何 为 大 治

大治的永久重要性，就是自我呈现统一、凝聚、看齐、一致、响应的情形，这些描述的方式也是"无名之名"。

我们对股市大行情的预期，也是股票群体自我呈现"统一、凝聚、看齐、一致、响应"的情形。这个是大治的效果。但这个呈现是瞬间的，因为有一个触发因素，所以群体瞬间自我组织起来。

股票市场的趋势，也往往是瞬间的、群体性的加速突破。几年的孕育，2 个月走完。当我关注几个权重板块时，比如我在做"关重区"的行情时，我能够做到临时判断、临时入场。但面对整个股票市场的行情，当面对"关热区"隐藏的行情时，我很难当机立断。

大治的"有"在哪里？市场大行情的"有"在哪里？

- 历史的"有"是月级别的均线组，当月级别的均线组"连续积淀、逐层翻转、波澜相倾、密集涟漪"时，浮现了历史的"无名之名"，我们得到了历史永久重要的部分。

- 地理的"有"是三大区域的所有股票，当"关键少数涌现成片、绝大多数涌现成片"时，涌现了地理的"无名之名"，我们得到了地理永久重要的部分。

我们的思想是什么？我们可以指向"无"，但只能标量"有"，当"有"迭代到"无名之名"时，我们看到的是"有无相间"的有序态。

大治的"有"是什么？载体是什么？对于大治来讲，我反而是可以先了解到"无名之名"呈现出来的瞬间情形了。但"载体"在哪里？

市场中的大治是如何一步一步自我实现的？

接下来，我们将通过学习本书比较重要的一节"趋趋不逝"来感受一下市场如何一步一步自我呈现统一、凝聚、看齐、一致、响应的情形。

趋 趋 不 逝

趋势的效果是什么？——统一、凝聚、看齐、一致、响应。

如何做好趋势？这是一个错误的问题，我们不能这样问。

- 一波行情三四个月走完，但前期需要 60 ~ 90 个月的蓄积。

- 一波行情可能有 500 只股票在大涨，但别忘了整个市场有近 5000 只股票。

假如市场中有 50 个专家在各自擅长的领域持续研究。长期以来，有 10 个专家专精于房地产相关板块，有 10 个专家专精于酿酒板块，有 10 个专家专精于新能源板块，有 10 个专家专精于信息科技板块，有 10 个专家专精于其他消费板块。而这一波行情，最终聚焦于其中一个行业，比如新能源。因此，这一波行情精准地成就了这 10 个新能源专家。于是乎，这个市场的"假有态"还在不断持续，也会一直持续下去。

正确的说法是什么？

在这 60 ~ 90 个月的时间里，也许在更长的时间里，和新能源相关的热联板块逐步脱颖而出。在最近的 12 个月里，有一小部分热联股票脱颖而出，在更近的 6 个月里，有更多的热联股票脱颖而出。越来越多的和新能源相关的股票开始聚焦、趋同。此时，行情开始进入快速上涨的阶段，也许整个行情快速上涨的部分只有 3 个月（图 4 – 26 所示的是锂电池板块）。之后，我们就应该开始减仓，规避高位风险。

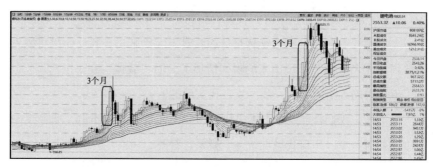

图4-26　行情快速上涨的部分往往只有3个月

我们不知道这些脱颖而出的股票何时会爆发，但至少在没有爆发之前，上百只脱颖而出的股票已经以"涌现成片"的方式超过市场平均。如果这个"涌片"在某一瞬间爆发，那么爆发的时间也会很短，也许只有短短3个月的时间会出现"统一、凝聚、看齐、一致、响应"的情形。

我们在选择股票的时候（以"关热区"为例）：

第一个池子是：900只排名靠前的股票。我们每个月过一遍，剔除形态上没有特点的股票，可能最后剩下180只稍微有特点的股票。那么这被剔除的720只，就是"逝"。我们不能说这剩下的180只股票"绝对会涨"，只能说被剔除的720只股票从总体上涨不过剩下的180只。

第二个池子是：在剩下的180只股票中，我们剔除形态上不太明显的60只股票，再剔除热关联不太明显的60只股票，还剩60只股票。我们不能说这剩下60只股票"绝对"会涨，只能说被剔除的120只股票从总体上涨不过剩下的60只。

我是这样描述的：

1. 这一轮周而复始，大致经过了60～70个月的时间。面对900只股票，我们指着"趋"，说出的是720只股票的"逝"。

2. 我们再进一步指"趋"，说出的是120只股票的"逝"。还剩60只股票。这个时候，你要注意了，不要抬高筛出标准。我以前的思维方式，是要找出形态最好的 10 只股票。如果按照这种思考方式，我们永远也看不到接下来的情形。这个很重要，不要筛出最好的，不要抬高筛出标准，不要"大道至简"。

3. 又经过一段时间，或又一次迭代，以下情形开始浮现。由于你没有抬高筛出标准，这一次迭代后，你逐步发现，你"割舍不掉"的股票数量在增加，可能有 90 只，甚至有 120 只。这个时期，开始出现"越割越多"的情形。这个叫"反增加"。我们得到了 120/900 的区域比例。

4. 在这 120 只"割舍不掉"的股票中，绝大多数（有 100 只股票）指向同一关联。这个"关联"也许一共有 300 只股票（在 900 只股票中），但逐步浮现出的这 100 只股票暴露了内在联系，它们都来自同一个关联（比如 5G 板块、芯片板块、半导体板块从众多概念中脱颖而出、齐头并进）。

5. 热联浮现了，在"关热区"内起作用的范围减小了，也确认了，那么就可以直接聚焦了，可以选出这 300 只股票，同时抛弃 600 只股票。可以这样理解：分子在割舍中增加，分母在聚焦中减小。我们达到了 100/300 的可以识别出来的热联比例。我称之为"反比浮现"。

什么是趋势？趋势的内在联系是"越是趋趋，越不能逝"。接下来，区域中的片区行情就有可能要来临了。大家可以好好体会一个词：生生不息。"生生不息"是一种悠远绵长的感受，在行情还没开始时，就会出现一些比较好的形态，直到行情结束时，还会持续出现一些比较好的形态，"生生不息"贯穿了整个行情。

"趋趋不逝"是"生生不息"较为迅猛的快速发展时期。我们的交易，是要从比较平和的"生生不息"阶段开始做进去，在"趋趋不逝"阶段加仓。

"吾不知其名，字之曰道，强为之名曰大。大曰逝，逝曰远，远曰反。"

——《老子·二十五章》

这句话的翻译五花八门，但又极其重要。不要简单地认为"反"就是反转，或简单的"物极必反"，就算是"物极必反"，那也是"道"这个级别的"道聚成物、大物虚反"，这个概念会在下一本书《股海闻道（中）》中进行讲解。道是所有物的整体，道的"反"是向内的维度，是反比，是反聚，这个是第一要素。我们本来是要割舍的，但市场发展到某个阶段，割舍了一轮（指大说逝），再割舍一轮（指逝说远），割出了个"反比浮现"（指远说反）。这个就是"道反"的味道，你能闻到吗？悠远绵长，愈演愈浓，你知道为啥叫"闻道"了吧。

指趋说逝，指趋说逝，越是趋趋，越不能逝。

《老子》第二十五章，不见一个多余的字。这是一部天书，老天所著，所以叫《老子》。

"反者道之动，弱者道之用。"

——《老子·四十章》

不难看出，"反者道之动，弱者道之用"是非常重要的一句话。在《股海闻道（中）》这本书中我将启发读者去思考什么是"弱"？

大 成 若 缺

我之前一直是以形态为依托去做交易的。2020 年下半年到 2021 年初，酿酒板块拉起来一波行情。但此时，酿酒板块形似高位，比如贵州茅台的形态在高位井喷。我恐高，偏向于选择低位盘整的股票，不喜欢高位井喷的股票。

如图 4 - 27 和图 4 - 28 所示，"高位"形态涨起来之后，又把开始的高位压缩到中低位，事后看，我好像错过了一个趋势。我规劝自己，不要恐高。我用各种方法劝自己，好的股票会越来越好，趋势会有惯性，所以要敢于买入持有。当我做进去的时候，它不涨了，然后形成了一个漂亮的

"棚顶"。你可以逃顶，虽然没有亏损，但在行情中，这叫踏空。

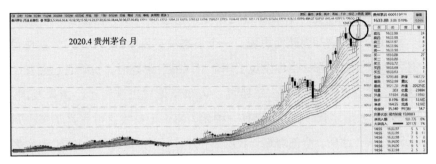

图 4 - 27　贵州茅台在高位突破

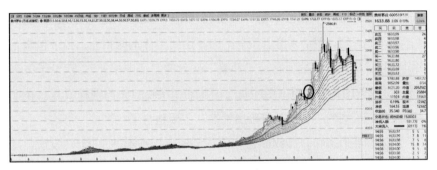

图 4 - 28　整体形态因井喷反而被压缩

　　我错过了一个趋势，形态在快速上涨的同时，压缩了空间，它回过头来告诉我，之前的高位是低位，这是形态"尺缩"。你可以通过复盘拖拉形态去体验"尺缩"，或者通过看实盘的分钟图大涨来体验"尺缩"。伴随着右边 K 线的持续上涨，你感受到的是整体形态在持续"尺缩"。多拖拉几次这样的形态，感受形态的坍塌，感受价格历史轨迹的坍塌，深深记住这种坍塌感。

　　这里有一个恒定的东西，就是我们的屏幕，就是分辨率为 1440 × 900 或其他尺寸的观测窗口。因为这个观测窗口是恒定的，所以才有 K 线顶着边界，越是上涨越是"尺缩"的相对感知。爱因斯坦的伟大不在于发现了相对论，而在于提出光速恒定，所以才会有相对论这个必然结果，才能推理出"尺缩效应"。"光速恒定"与人的感知相去甚远，所以这就是神一样的发现。

形态"尺缩"是一个很普通的发现，它随处可见，但很多人视而不见，可我的认知观却因此而坍塌。一个形态没有发生过"尺缩"，就说明它还没有发生过大涨；当你发现了一个"尺缩"形态时，说明它已经发生了大涨。要么是选错，要么是错过，认知悖论"出现"了。由果及因，"尺缩因"才是"第一因"。我有一种无力感，无论我之前积累了多少知识，可能从今往后，全部坍塌。我脑袋空空，无力自救，瞬间感觉流离失所，和所有形态一同跌入了"尺缩空间"。

我也不去思考了，而是采取了最笨的方法，所有"高位"全部覆盖。同一波行情，哪些"高位"是"井喷"？哪些"高位"是"棚顶"？说实话，我无法识别，我必须全部覆盖。为了达到整体上的抬升，必须包含无法识别的"棚顶"部分，它是"井喷"部分的"必要损补"。我给予每个标准形态2%的选择权重，给予每个"高位"形态1%的选择权重。在上一节，我们谈到的"不要抬高筛出标准"主要包含了"高位"形态。

如果标准形态和"高位形态"各占50%。标准形态是25只股票各投入2%；"高位"形态是50只股票各投入1%。我们对于"高位"形态这个集合的预期是，一部分"井喷"，一部分"损补"，但我们并不知道哪一部分"井喷"，哪一部分"损补"。从全体来看，一部分"跟上行情"，一部分"井喷"，一部分"损补"。这三个部分共同预期行情的"大成若缺"。

"大成若缺"的"缺"是"抬力"，在50个"高位"形态中，我们不能明确分辨哪些形态会发生"井喷"，所以我们全部包含。这样就达到了75只的选入数量。只有数量足够多，才能有所感触。当形态数量爆炸时，在市场情绪的强烈氛围中，在很多个井喷形态的喷涌中，你踏实了，你知道还有一些问题没有解决，但此时此刻，你也确定了自己找到了正确的方向。

这个就是市场的"大成若缺"，我们到达这一步，就不会偏离大方向了，如果我们进一步领悟，就会发现，我们好像也能找到应对"尺缩空间"的办法。

统 一 战 线

在行情爆发前期，大量聚焦的形态会出现一致性特征。根据指数位置的不同，可以大致分成两类特征：先锋特征和后盾特征（在"观心篇"第六章和第七章详细说明）。我把指数位置和股票形态相统一的情形称为"勇当先锋、稳做后盾"。迭代形成的高位形态，并预期会井喷，是先锋特征；长期盘整形态，形成屏障区域，是后盾特征。

- 如果指数是底部位置盘整后上涨，可以看到大量的"后盾"形态，而井喷形态相对较少。此时战线的后盾特征比较明显，我们需要层层围绕"稳"，以大量的"后盾"形态的聚焦为统一。

- 如果指数是中部位置盘整后上涨，理论上一半形态高位上涨，一半形态低位反弹。这时"先锋"形态就比较多了，我们需要层层围绕"勇"，以大量的"高位"形态的聚焦为统一。

- 如果指数是高位发展形态，部分"先锋"有可能会有一波井喷，接着就是大跌。遇到这种情形就不要去重新开仓了，而是逐步减仓。

舍 我 其 谁

在"关重区"，存在这样一个先天的逻辑：

- 如果"关重区"要涨，权重股票必然引领。

- 如果"关重区"涨了，但不是权重股票引领的，那说明"关热区"都涨疯了。

如果出现了大量的井喷形态，在这个先天逻辑下，你可以规避其中的一半，应该给予权重比较大的"高位"形态更多的资金比重。

在"关重区"行情中，如果不是这些权重股票领涨，谁还会领涨？也就是说，如果沪深 300 指数上涨，那么酿酒板块和银行板块无论形态好坏，至少其中之一必将领涨。

这不是一个绝对逻辑，而是一个"隐约"的逻辑，我叫它"关隐逻辑"。它的内容是："统一战线；舍我其谁"。在这个"关隐逻辑"下，你好像没那么惧怕高位了，你似乎在等待那个"尺缩"体验的到来。

资 金 管 理

如果你只有 50 万元资金，却选入了 30 只股票，说明你的持仓水平可以达到 30%，并不是说要买入 30 只股票，而是买入其中 5 只左右的股票，持仓达到 15 万元即可。只要你构建了一个框架，资金管理自在其中。你看，资金管理这么重要的东西，几句话就讲完了。

这样我们就讲完了这四门课：透过现象看本质（文化）：

- 语言课：学习"透过表象看隐情"。
- 历史课：学习"透过历史看连续"。
- 地理课：学习"透过地方看天圆"。
- 大治课：学习"透过战线看统一"。

这就是我们的理论构架，没有具体的模型，没有具体的规则，也没有具体的名字。

道 隐 无 名

"道可道，非常道"。刚接触"道"的时候，我在第一重境界。如果说《老子》是真经，那就拜读好了，我没有能力去质疑。在第二重境界，我质疑一切，如果说"道可道，非常道"，那岂不是《老子》本不该被写出来吗？所以才有关令尹喜强留老子著书的故事。好像这样解释就通了。

我一直有一个观点，只有老子才能识别老子；如果关尹喜能识别老子，那他也是一位老子了。如果他真想写点儿什么，自己写就好了，没有必要强迫另一位老子。所以我在"道可道，非常道"这句话上停留了七八年。直到在市场中"闻道"后，才读懂第一句话，才读通《老子》。

什么是道？你说道是法，但它也不是法，我们暂且称之为"方法"。"道"就是我在市场中苦苦追寻的方法。100 种方法中，有 70 种我能判断出那不是"道"。剩下的 30 种方法中，有 20 多种经过实践，我也能识别，那不是道。所以说，100 种方法中有 90 多种不是道。

剩下的几种方法，我割舍不掉。这几种方法有"道味儿"，有"迷味儿"。那么结论就是，它们都是最后没有办法再舍去的东西。它们是同一个灵魂下共同的宿主。现在我知道了，这几种方法都是"无名"，也可以叫"无法之法"。你能讲清楚"基本价值理论"中的"价值"吗？格雷厄姆讲清楚了吗？索罗斯写了几本书，讲清"反身性"了吗？

最终，我感知到了那个看不见的灵魂，就隐藏在剩下的几种"无法之法"之中。但你不能讲基本价值是道，也不能讲反身性是道。这样讲，是极大的偏见。任何一个载体都不能诠释灵魂，载体只是灵魂的一小部分。所以单说任何一个载体都是极大的偏见。剩下的几种方法合起来，才能讲"道隐无名"。这一节，我们阐述了什么是"道隐无名"。

"道隐无名，夫唯道，善贷且成。"

——《老子·四十一章》

由此看来，"指道说非"有三重境界：

第一重：指道说非：指着道，讲不是道。

第二重：指道说非：指着道，讲偏见。

第三重：道归。归于那个灵魂，归于那个指向，无法去讲，也不用去讲。

现在理清了，所有的"经"，都是文字记载的，你若只看文字，都是偏言，你要看文字指向的那个境界。如果你只是在那里翻译，在那里背诵，那就是所谓的"传经不传道"。为什么要有师父？师父指道，徒弟念经；没有师父怎么办？老子指道，众生念《老子》。

永久重要

我们可以设立两个账户，一个专做"关重区"，一个专做"关热区"。我们在等风，但这不是最优的操作方案，最优的操作方案是：只需要一个账户，动态操作。比如风口在"关重区"，那么主要资金就应该倾向"关重区"；风口在"关热区"，那么主要资金就应该倾向"关热区"。

在学习和熟悉阶段，我建议，任何一个账户，都不要超过50%的资金占比。我们还有一部分知识没有讲完。但如果你结合原有的策略去重仓，那我也不去评价。

动态操作会引起混乱，最坏的情况是两边踏空。为了不引起混乱，我们需要搞清楚这两种操作的逻辑。这个内容我们在《股海闻道（中）》展开。这本书先讲到"分开等待"。先以静态仓位开始训练，下一本书我们再去探讨如何进行动态操作。

如果你做"价值投资"，你的投向是新能源、大消费、科技，还是大盘？这本书对你的帮助在哪里？如果你做大消费，那么在市场热度比较高的时候，你通过热度关联去分析，发现不是大消费的热度，而是科技类的热度，这样就不会被热度所迷惑，从而过度提高持仓水平。

你的股票也许基本面很好，但股价就是不涨，这种情况太普遍了。尤其是大家都在涨，你还在那里捂，那就比较尴尬了。你原计划要长期持有，并做好了跨越熊市的准备。但可能发生的情况是，你踏空了热点，别人在享受局部牛市的时候，你没有跟上。如果是用自有资金操作，你还可以坚持自己的长期持有计划；但如果是私募或公募产品，一个踏空之后，将面临被赎回的风险。所以我们在进行"价值投资"时，要一边专注于研究长期基本面，一边专注于市场整体大聚焦，此两者相得益彰，也形成了价值投资资金管理的基本逻辑。

如果你做"技术分析"，如果你还陷在某种复杂或玄妙的技术里面无法自拔，如果还信奉技术走势必将完美，也许这本书就是对你的颠覆。在"有"的一面，很多技术分析已经过于完美，很多技术分析简到不能再简。最终，大师们得出结论，没有不完美的技术，只有不完美的人。这简直是信口开河！

道不远人，远人非道；道不远人，人自远之。

《股海闻道》涉及的内容，是对市场本质的探讨。如果你专注于短线，或专注于几个品种的基本面，那么这本书对你的帮助不会太大。如果你关注市场整体的运动状态，并以此形成策略，那么这本书的内容就是此类策略"永久重要"的部分。

观心篇

繁心碎现

第五章
痴痴缠缠、碎碎繁繁

充分吸引

我刚开始学习交易的时候，也认真学习了均线系统。最先接触的是"葛兰碧均线八大法则"，这个法则讲来讲去只有两个意思：离、合。但后来学习了"顾比均线"，我看到了"聚散离合"。我曾经有一段时间很喜欢顾比均线，但从他的书中也没有找到比"聚散离合"更奇妙的东西。以"聚散离合"的视角去看市场，图形瞬间美了起来（见图5-1）。

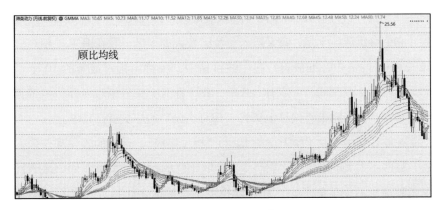

图5-1　顾比均线

　　我被这种美丽牵引着，又害怕它们转瞬即逝，于是就把这些美丽的形态截取下来，时不时地拿来翻看，希望能够定格这些美丽。与此同时，我推导了可以用一根均线看所有"视界"的观测方法，这样"聚散离合"便有了"自我"的意义，可以称之为"自聚、自散、自离、自合"（第二章）。我在"一均视界"停留了很久，差不多有六七年吧。

　　至此，我已经在外汇、期货和股票交易中混迹了多年，几个市场来回交易，被"洗礼"的频率远远高于一般交易者。很多时候，我不只是以赚钱为目的，我甚至是以测试某种想法为目的而去交易，以至于我的想法更新迭代很快。我基本上都是实盘测试，不断地获得经验。老天还是比较偏爱我，长期以来，我一共只有两次重度亏损。这些年来，生活和工作上都有贵人支撑，还算过得比较安稳。

　　每一波行情都可以积累不少漂亮的形态（股票很多，外汇很少）。在我的图库里面，至少积累了 500 个漂亮的形态。我把这些可以识别的漂亮形态称为"充分吸引"。在经历了不同市场、多次行情后，我发现在每次行情中，这些"充分吸引"一定会再次出现。于是我就不再担心，它们还会回来，而我也懒得去翻看它们了。

必 要 缺 憾

　　我发现，当行情快来的时候，就是这些"充分吸引"生命力最强的时候，它们会绽放。于是，我又陷入一个比较大的误区。我在追求"相对终极"，一波行情中，谁最美？在一波行情中，我挑出相对最美的 10 个形态。有很长一段时间，可能有七八年，我一直沉浸在"相对终极"中苦苦寻找真理，我当时带有偏见地认为"相对终极"的尽头就是真理。

　　一波行情中，我千挑万选的 10 个"相对终极"，最终的表现却差强人意，那些不太美的形态却走出了令人惊叹不已的行情。2020 年底，酿酒行业指数这个不太美的形态，却可以拉动整个沪深 300 指数。我不得不承认，此次的沪深 300 行情是"不太美"在主导。我寄希望于在下一次大行情中，"相对终极"可以表现优异，但结果依然偏离预期。

无数次的行情，无数次的偏离。你不能说它不对，因为这些"相对终极"也在行情里面。你买入这些形态，也就沾到了行情，但这些"相对终极"不是主要力量。我越是精准地选出"相对终极"，越是跑不赢行情。我在很长的一段时间不知所措，我越是精确，越是掉队。我再回头看那些珍藏的形态，顿感索然无味，空虚袭来，阴霾笼罩，挥之不去。

如果你单一地追求"相对终极"，就会在"大曰逝，逝曰远，远曰反"的过程中，一直"曰远、曰远、曰远"。"曰远"的结果就是，你最后得到了少数几个极美的形态，却错过了"曰反"。《老子》讲了："反者道之动，弱者道之用。"你只有"曰反""曰弱"，才能接近那个真理。于是，我不知愁却强说愁，不知"反"却强说"反"，但都适得其反。于是我感到空虚，一直空虚。

我带着空虚经历了多次大行情，从多次大行情的复盘中我发现，通过"充分吸引"，我可以沾到行情的边儿，但大部分行情是"不太美"在主导。我把"不太美但主导行情的形态"称作"必要缺憾"。我借用了"充分、必要"这两个逻辑概念，但这两个逻辑概念似乎在这里"通化"起来，你不能说它们俩是传统意义上的逻辑，但似乎也蕴藏着逻辑的味道。

我把那些"充分吸引"和"必要缺憾"的形态全部积累了起来。光是积累还不够，我想找出某种联系和某种顺序。我把它们像念珠一样串起来，把不合理的顺序理顺。至此，我拥有了三串念珠，最小的一串是外汇，中间的一串是期货，最大的一串是A股。这也是我接触交易的顺序。

我每天抚摸着，一颗一颗地，充分、必要、充分、必要，口念耳听，自念自听。我没有和别人交流，把自己调成静默状态，从一颗一颗地抚摸，到一圈一圈地抚摸。漫漫长夜里，最大的那一串念珠，率先透出暗暗的光。终于有一天，我抚摸出了"反比浮现"（第四章，"趋趋不逝"）。

致虚极，守静笃，万物并作，吾以观其复。

——《老子·十六章》

那一天，我无比喜悦。这种喜悦里面蕴藏着对文化的感激。有人说"人能弘道，道亦弘人"。我都被道"弘"了那么久，那我也应该责无旁贷地去弘道。上一章主要描述了"透过表面看本质"，而这一章，我尝试着描述一下"透过美丽看真相"。海德格尔说的：艺术是真理的原始发生。

与此同时，我需要提升和理顺我们的感官认知，在理顺的过程中，阐述"艺术是真理的原始发生"。

原 始 发 生

这一节，我们从感知和艺术出发。我把感官认知分为"感到、感受、感触（有、有无）、感应、感悟"这五感六级。俗话说人上一百，啥人不缺，我们就从 100 个人开始推演。一般来讲，大众的初级感官是相近的。100 个人对好吃、好看、好闻、好听、好笑、好玩儿的事物，都会说出"好"。这就是最开始的感知："感到"好。

这 100 个人中，可能有 50 个人会讲出这样的话：好听到哭，好看到哭，好吃到哭，好笑到哭，好玩到哭。各种好，但却指向"哭"。有一次，我听歌流泪了。我享受一个人的音乐时光，沏杯碧螺春，调暗灯光，戴上动圈耳机，打开音乐，一秒入魂。这个时候，我就不愿意去思考了，因为一动脑子，就错过了流泪。先让眼泪尽情地流淌。一曲听罢，平复一下，再去思考，为什么会流泪？人、狗、大象、乌龟等有灵性的动物为什么会流泪？

一首曲子，它以"充分吸引"开始，你才愿意听下去。你会持续地听，美妙的音符在持续地击打你，你感到了持续性。"感到"的连续发生就是"感受"。如果只是感受，你还不至于流泪，或者你还可以去抑制。虽然我们会用尽全力去抑制，但不幸的是，你越是抑制，越可能决堤。你的情绪产生了极大的波动，有什么东西在触动你的心弦，你无法防御。你被冲溃了。

你无法描述自我溃败，只能讲感触"颇深"。你燃起了被解释的需求，却无法自行降温。在物质的世界里，你点燃了无助的自己，所以你和物质不可避免地烧在了一起。你开始烧起来了，一对音箱几十万元，一根器材连接线十几万元。只为升级器材，只为实现物质方的强大，然后期待着被触及、被击溃、被征服，最终期待着被解释。

你期待着高档器材的解析力去解释那个"颇深"的感触。但持续升级却带来了另一种感受：一分钱一分货，一角钱两分货，一块钱三分货。听音乐逐步变成了听器材，去听出乐器的摆放位置，去听出歌唱家的气息。发烧圈乐此不疲，"圈友"推崇几百上千万的器材，说这个等级的器材才叫听音乐，低于这个等级的叫"听个响儿"。

我称这种人为"听个有"，因为在"有"的层面才能划分出等级。因此大部分"听友圈"也是"听有圈"。上等烧友听了个"有的极致"。物质上的升级，反过来加深了预期上的缺失。这种空虚感来自对物质充分升级的必然。为了填补这种空虚，上等听友炫耀着上千万的"三分货"，并浮现出"九十七分满足"的模样。这种满足的模样，我在高频量化和投研领域都似曾见过。

但我也鼓励你去旁听，或去造价上亿元的音乐厅。我也受邀旁听了很多次，我确认那就是三分货，不能再加分了。我意识到，我误以为那是物质上的空虚，当我充分填补了物质空虚，就会必然浮现那个原本的空虚。如果空虚是必然浮现的，那我就要调转方向。我停止"被动必然"，调转为"主动必要"。我有"必要"主动面对那个原本的空虚。

可能100个人中还剩5个人，发烧多年后，卖掉了所有的器材，只留一套设备，或一副耳机，颇有草木竹石皆可为剑的侠气。头戴一副耳机，直面"必要空虚"。你的听觉是"有"，可以和"音符"生物连接；音乐中的"无"，是创作者的"音乐世界观"，是演艺者的"浸润爆发力"。

创作者的"音乐世界"，通过演艺者的"浸润爆发"，持续不断地流入，时而分流舒缓，时而汇流冲击，时而情意绵绵，时而蓄力爆发，那一股股的，流到耳朵里了吗？流到脑子里了吗？流到哪儿去呢？你会说流到心里面了，你的心在哪儿啊？有几个人能找到心啊？

　　你开始转变了，是从"耳"到"心"的变化，是从"有"到"无"的变化。感触的性质在这里也发生了转变。可你的内心被保护着，就像头骨保护着大脑，身体保护着心脏，它们不但被保护着，甚至还被隐藏起来，就像我们把战略核武器保护并隐藏于深山、深海中一样。你也不知道怎么走进内心，内心被无差别地隐藏起来了。内心打开十级防御，你成了最亲近的陌生人。如何进入一个没有地址的地方？

　　想不出来是对的，你唯有再次打开那首歌。又到了那个片刻，你又被浸润了，你希望永远待在那里。音乐既是对手方，也是对友方。音乐在击溃你、征服你，同时也在承载你、随同你、融入你。你感触到"有和无"的围绕，你也知道了，音乐在那个地方，你就在那个地方。你率先进入了那个地方，一个没有地址的地方。智商表示不理解，但你进入了。

　　你刚刚被"包裹"了，你稍微缓解了"必要空虚"。你触及的深度，取决于创作者的"情感世界观"，取决于演艺者的"浸润爆发力"。此时，你触到了"无"。一部宏大的音乐篇章，一位殿堂级别的演艺者，将带来10级冲击力。现在，请戴好耳机，做好"有"的生物连接，你不用打开心扉，你还找不到它，此时的心扉只能被打开。你唯一能打开的是音乐。

　　当"音乐世界"浸润进去的时候，就必然会有一部分内心被浸润出来。浸润出来的这部分，幻化成了眼泪。此时，当下心和过去心，有了些许差别。从反面讲，哀莫大于心死，哭了很多次，心被一点一点地浸润出来，你会放弃梦想，放弃心上人。

　　很多人借助乐章、小说、电影，找到了片刻的自己。如果你在音乐领域深度热爱，久而久之，你就能发现很多曲子都能深深触及内心。难道一个人有很多颗心？或者说一个人有一颗破碎的心？对于音乐你也会情不自禁地按类别分类，按"颜深"的程度排序。你一一对应，一段一碎心。把它们全部加起来，你就得到了内心的全部碎片。

　　你也可能早就体会到，同一首曲子的多次冲击，会提高这一心之碎片的阈值，你不再感触"颜深"了。你发现还能让你流泪的，只可能是新的碎片，并且是核心碎片。但这种情况少之又少，当它出现时，你会吓一跳，居然会有遗漏。

有的曲子阈值来得快，有的曲子经久不衰。当你排名前 100 的曲子相对稳定，而且越靠前的越稳定时，你就得到了一个涟漪，一个波及范围。这个范围来自你感触颇深的一一对应，是一个有垂直维度的范围。确切地说，是立体涟漪，是一个空间的氛围。你内心的全部碎片就在这个氛围里面，泛起层层涟漪，碎片化地散落。

在股市中，了解了这个氛围，你就能沾到行情了。一波行情，股指涨了 15%，其中 30% 的板块涨了 30%，而 15% 的股票可能涨了 60%。那 15% 的股票就是行情散落的核心碎片。在这本书中，"闻道篇"描述我的"行情世界观"，"观心篇"感应行情的"繁心碎现"。

下面是你的选择了。如果你还是喜欢对心之碎片感触颇深，那你就保持原先的方式；如果你想感知内心的全部碎片，你知道，你需要大段又不间断的时间才能完整地听一遍。你花了很长时间听过一遍后，却激起了碎片的连锁反应。你再去听，一遍，两遍。你激起了各种连锁反应：里应外合、应接不暇、首尾相应。

你用线性的方式打开音乐，却激起了心之碎片的连锁反应。但你没有办法，你只能这样播放音乐，你被这种生物连接限制住了，你被"有"限制住了。久而久之，你力不从心了，你累了，虽然你有所感应，但并不强烈，像涟漪一样，越发分散开来。你失去了深度，怀疑走错了方向，怀念之前的感触颇深。对当下的怀疑和对过去的怀念，促使你衍生出了情怀，这是一个大结局，大多数人的结局。

你进入了有史以来最大的瓶颈。在市场这个领域，大部分人还是回到了个股，大部分人都很聪明，大部分人都很有经验，大部分人都是专家，但大部分人还是大部分人。你可以讲感触颇深，但不能讲感应颇深。在"感触"和"感悟"之间隔着体积庞大、若有若无的"感应"氛围，我们怎么渡过它？这可能是个终极问题，也许我们这辈子是来渡"感应"的，而大部分人是渡不过去的。

我在股市行情的氛围中停留了很久。我曾经认为悟出了很多方法，但其实都是旁枝末节。这也可以叫渐悟吧，我一直期待着最后的顿悟。我猜想着那个最终的情形，我们得到了一个"梳理"的方法。当梳理过后，每一根头发和一头头发是"自相似"的，是"一发一头发"的最终情形。在最终状态中，你激起的连锁反应是"一呼百应、一应俱全"。

此时的连锁反应，既是最强的连锁反应，也是最弱的连锁反应，因为它们是自相似的，既是众志成城，又是"牵一发而动全身"。此时，你得到的"梳理方式"就是你的顿悟。你也理解了混沌理论的第一奥义——"价格沿着阻力最小的方向移动"。你了解了行情，也可能会了解世界。

我不会在音乐里面谈感悟，我可能有一些感悟，有一些方法，但我不去谈，这不是我的专业，会有很大偏颇。像我这样的一般人，在音乐领域，到达这个阶段，不谈感悟，享受为先吧。有些人，在有天赋的领域，他们的起点就是一般人的终点。历史上有极少数作曲家不到 10 岁就具备了"音乐世界观"，有极少歌唱家十几岁就能横跨几个八度。

我在交易这个领域可以一直谈到感悟，谈到行情之碎心"自我梳理"，像发丝一样"自然拢聚"。对于行情这个"他物"来讲，我们不要去拢聚，而是去"识别"行情之碎心"自我梳理"。这是高维度的"识别"，借用一个字，就是"方"，比如"天地方圆""不可方物"。所以叫"方聚"最为合适。啥是感悟？——"方聚寸心"。到此，我介绍了"五感六级"。下面我们也来谈谈理性思辨。

我们在感知的任何阶段都可以谈思辨。很多人只是刚刚感到，还没来得及好好感受，还没来得及好好感触，就开始谈思辨了。那你思辨出来的东西，只能是浅薄的，如果想吸引人，只能故弄玄虚。

但如果一个人在某个领域达到了感悟，并在感悟之后得出了一些理性的东西，这个就是思想。思想不是绝对逻辑，思想是"隐约"的逻辑。它是关键的、少数决定多数的、隐隐约约的逻辑，我叫它"关隐逻辑"，绝对逻辑只能在较低的层面比较活跃。

孔德之容，惟道是从。道之为物，惟恍惟惚。惚兮恍兮，其中有象；恍兮惚兮，其中有物。窈兮冥兮，其中有精；其精甚真，其中有信。自古及今，其名不去，以阅众甫。吾何以知众甫之状哉？以此。

——《老子·二十一章》

能看透本质的人，也许 100 个人中 1 个也没有，几十亿分之一的是爱因斯坦。相对论不是感受后的产物，不是感触后的产物，相对论是深度感悟后的产物。感知高、智商高的是爱因斯坦；感知低、智商高的是机器人。佛讲，万物皆有佛性，动物都会流泪，可大部分人还是喜欢把自己培养成效率机器。也许这个年代效率高，才能挣钱快吧，然后再用挣到的钱去感受高档货，还是在那个层次。

回到生活，在乐章、小说、电影中，你可能会迷恋各种角色，散落的角色是心之碎片。一些作者、编剧、演员、读者、观众，会痴迷于同一个角色。这个角色就是这些人的"同心碎片"。你的一粒心之碎片，也是成千上万人的"同心碎片"。这是一种"一粒一世界"：一粒微尘，在所有尘世，全都浮现。

面对专业，在这一个特定的领域里面，你要找到那种梳理方式，所有头发"自相似"，一根头发的状态，就是一头头发的状态。这是另一种"一发一头发"：所有微尘，在同一尘世，全都浮现。

以"一微"看"微全"，或以"一微"看"全微"，此两者结合，我也有所证悟：一粒微尘，在所有尘世，全都浮现。道家说：道心惟微；释家说：一真一切真，万境自如如。

最后，我说一点人生感悟，就是人生少感悟。谈谈感受、谈谈感触都可以，别随随便便地谈感悟。我在我的专业领域里面去谈感悟，这是我的修道场，我在其他领域里面就比较随意了，享受为先，世俗一点。

我们花了这么大的篇幅谈感知和艺术，是为了充分了解自己的"五感六知"和思辨。了解了"五感六知"，你就会知道在什么阶段用什么，就有能力去伪存真。所以慎重听取别人的感悟，甚至慎重听取自己的感悟，如果没有认知"五感六知"，那就要慎言感悟。

用心良苦

这是一个容易产生"感悟"的领域，是一个到处都在谈论"感悟"领域，是一个"感悟"廉价的行业。感悟是发自内心的，很多人连碎片都不曾触及，不见寸心，哪来寸悟？通常情况下，你还在持续地获取经验，还在提升的路上，别那么急着说感悟。

你的确获得了一些"渐悟"，困难在于，你怎么知道你没有"悟入歧途"，这是很可怕的。很多人悟出了"善不理财"。就像某些侦探小说，到底是为了维护正义，还是让犯罪更完美。他们被人们称为鬼才、怪才，他们扬善的时候，恶也会跟随。这也是人间常态，人世间的"鬼才"们总是互相争吵、互为对冲。但如果你在市场中修成了一个"鬼才"，你会大起大落。你只有从"整体范围"出发，才有可能"守冲"。

我很幸运。我是借助《老子》来把舵的，老子是"守中"的。而《老子》是从感应开始，其中的每一章都是通过不同的方式在讲"道"，有的章节在隐喻道，有的章节在描述道，有的章节在讲"道之为物"，有的章节在讲"道之大象"，有的章节在讲个体，有的章节在讲整体。《老子》是通过81章、上百种方式构成了描述"道"的氛围。你首先要进入这个氛围，再去接近那最重要的几句话。《老子》不会直接给出答案。假如《老子》直接写出那最重要的几句话，比如"有无相生"，又比如"反者道之动"，那么也许20个字左右就写完了。你知道那20个字是最终的答案，但却无法直接进入那个答案。

《老子》的方式就是以5000字、81个章节，给你搭建了一个整体范围，再激起你对那20个字的求索。你被激起了求索的兴趣，《老子》中的每一个字才鲜活起来。这个整体范围也被你的求索渲染成了氛围。你的求索欲越强，《老子》的氛围感越强。

这个就是《老子》的用心良苦，它不会直接给出答案。然后，在这个氛围里面，你可以开始审视，在此之前，不要审视；在此之前，是盲人审视。在此之后，审视你的人生，审视你的专业，再继续生活，继续工作，继续审视。我们需要时间，再渲染，再浮透。有一天，你悟出的那 20 个字或许就是你的感悟，是你所热爱的专业领域的终极领悟，也可能是你对人生的终极关怀。

当你悟出那 20 个字后，你就不再求索了。这 20 个字里面的每一个字，经由"三矾九染"，最终悟出了具象的"方寸道心"。《老子》通过 81 个章节，搭建了"灵台"，它给全天下的人搭建了同样的灵台；是求索之人的努力求索，正道求索，坚持求索，最终悟出了求索之人的"方寸山"。日本最早的《老子》抄本出现在 1373 年，几百年了，日本人还在那里翻译。就算是把 5000 个字翻译成 50 万个字，那也是往外围走，就连原本的"灵台"都模糊了。

《老子》也不是一篇小说，里面没有角色，每个章节几十个字或上百字，所以很难感触颇深。有人说对某个章节、对短短几个字感触很深，而实际上是你感触颇深的某个经历正好对应到了这个章节。就像国学大师讲国学，必然去讲故事，再加上语言上的功力，以使你感触颇深。

我是幸运的，我一开始就读对了《老子》，我一开始就选择了其中的 33 个章节，至今我仍停留在其中十几个章节，很多剩余章节至今也不熟悉，但也没关系。我是从感应开始接触《老子》的，我起点不低，但人生经历太少，感触不足。所以我还是会无数次地降级到感触这个层面，无数次地听国学大师讲故事。

但我现在知道了，听故事是下楼，不是上楼。那就是主动下基层锻炼，你的"觉知"已经在楼上了。《老子》不是给年轻人读的，一个人必须对生活或者在某个领域有了深深的感触，才能去感应《老子》，这样才能衔接上。这就是我理解的正确解读《老子》的方式。

你也可以通过感知的五个方面来进阶。在这里，我要告诉大家的是，专家的翻译、大师的故事，是基础，是铺垫，是开启，而不是终点。在专家和大师那里"为学而日益"，在《老子》这里"为道而日损"。

为学日益，为道日损。损之又损，以至于无为。无为而无不为。取天下常以无事，及其有事，不足以取天下。

——《老子·四十八章》

如此讲解

有了些许领悟后，我本打算再去翻译一遍《老子》。但我发现，我组织起来的语言，缺少了原味，或者讲达不到原话的那个"浓虚味儿"，我翻译出来的东西，连我自己都不愿意再读一遍，就像原汤加了水一样，"是也不是"那个味儿。可能初学者感觉不出来，但这种"是也不是"那个味儿最让我自己觉得不是个味儿。

我也感觉到，我能讲出新意，我可以写一本"新解"，其实这几百上千年来都是"新解"。我似乎觉察到，如果我讲得越好，我就越舍不得离开那个"好"，我就住在那个"好"里面了。我曾见过一位大师讲解《金刚经》，讲得很好，赢得了掌声。他到处讲，讲了很多年，赢得了名号，这个名号有点儿大，大得有点儿让人不安，让人不好意思。但他却心安理得地接受了这个名号，在他的书的封面上，这个名号是金色的，最显眼。他似乎没有意识到他已经住在对《金刚经》的解读里了，而《金刚经》的本意却是在启发"无住生心"。

这个事情让我感触很深，我怕自己一不小心也住在"讲经"中。我可以去讲经，但别忘了自己的本分，如果我真的读懂了《老子》，我所热爱的专业领域里面，会最接近《老子》。我在达到的那个境界，去讲自己的本分就可以了。

我只能以道为境界，但不能去翻译那个境界，任何对境界的翻译，都会成为"是也不是"那个味儿，都会成为"道可道，非常道"。如果达到了那个境界，在那个境界里，我的存在就是"具足"；然后我再说出我最熟悉的东西，把它梳理出来，这个就是对《老子》最妙的翻译。

当我尝试着去梳理这本书的内容时，我感觉生"妙"了。我向大家坦白一个事情，我几乎没有什么文学水平，几乎没有完整地读过一本文学作品，就连《老子》也只是读过其中 30 多章。但奇妙的是，从 2013 年发表文字开始，很多人都夸我文采好。有时我也恍惚觉得，我自己写的很多段落，远超过我的文学水平，甚至是认知水平。

我逐步确认了一件事，我的文字可以给我启发，可以影响我自己。我可以做我自己的讲师。我也不知道是怎么回事，也许是这么多年来，我在"道"与"交易"之间游走，老天多次给了我机遇，让我多次"初尝"过那个境界带来的好处。然后我就起心动念地想要去多次"初试"。多次"初试"后，我对那个境界产生了"初信"。多次信任之后，我对老天建立了绝对信任。从今以后，所有的起心动念，都是对"道"的信念。我被唤醒了，我在那个境界"初睁"了，我开始试探着看一看已经看过无数遍的行情。这一次"初睁"，就是我成书的开始。

此时此刻，我发现，我写下来的部分文字走在了前面，这部分文字不是认知，不是行为，应该是信念，是股市之道的各种信念，它们率先到达了高层，就像有几根均线已经率先发散。它们可能会拉拽滞后的均线，也可能被滞后的均线给拉回去。但至少此时，我自信了，是高层的自信，不是低层的自信。代表着"信心"的自我，率先达到了高层。而此时，"代表认知"的自我和"代表行为"的自我还在中层徘徊。

我起始从中层的水平开始写书，此书我写了 3 个月，书的内容却是这十几年交易经验的全面总结。我越写越觉得，我将实现"自相似"，所有的"自我"将在高层完全合一。最终，我写完了，我也把我自己写明白了，我是我自己的作者，也是我自己的读者。

我是一个中层"知行"水平的作者，并以此水平开始写书，写完这本书后，我就达到了"知行"在高层的"合一"。我既是作者，也是读者，作者和读者又互为"知行"；这本书的完成，就是"知者"和"行者"在高层"合一"的产物。但我还知道，不只是知行的合一，我已经经历过了我尝、我试、我信、我念、我睁。这些"我"率先进入高层，启发和引导着"知行"在此合一。如果没有率先进入高层次的自我部分，就没必要强调"知行合一"，计算机就是最好的"知行合一"。如果没有率先进入高层次的自我部分，无论如何自律，那都是机械般的重复。

写书时，我是唯一知者，唯一读者，唯一实践者，唯一亏损者，唯一批判者，唯一否定者，唯一重启者，唯一优化者，唯一自欺者，唯一启发者，唯一影响者。这本书我写了3个月，确切地说是2个月，全套三本书的构建用了3个月，而这条路走了十几年。在这3个月中，作者和读者都是我；在这十几年中，知者和行者都是我；我尝、我试、我信、我念、我睁也都是我。

这个过程就是超我的自我实现。我一个人写书，一个人狂欢，我就是全部，我就是具足，哪有他人什么事？他人来"观复"就可以了。我观世界，世界观我，我也明白了《老子》就是老子，《庄子》就是庄子。我也明白了，王阳明是禅在前，儒在后。心走在了前面，再谈知行合一。

我用全部的自我来超我，超我之后，全部自我"自相似"，任意一个自我的状态"和同"于全部的状态。此时，"碧玉妆成一树高，万条垂下绿丝绦。不知细叶谁裁出，二月春风似剪刀。"既是咏柳，也是咏春。超我之后，我"和同"于环境，"和同"于行情。咏柳时，一树是本分，本我高耸向上，万我柔垂向下。"咏春"时，知"春"境而忘"万我"。一我生万我，万万我知境，知境忘万我。起风了，动与静相随，一真一切真，万境自如如。

我在那个境界，去讲我对行情的理解。这就是对老子最妙的解读。作为一棵树，不要试图去解释你的年轮，就算你是一棵老树，也不能通过你的年轮去解释春夏秋冬，不能去解释万般静动。你只需要做一棵树该做的事情，就是好好成活成一棵树，好好向上长，低我高耸向上，高我柔垂向下，你就活成了春夏秋冬，活成了万般静动。

当我领悟《老子》后，我就会抓紧时间去解读我自己，我得抓紧有限的生命把自己解读出来，而那些梳理出来的经验落成文字，就可以供人去观，这个就是对《老子》最妙的翻译；当我向他人翻译《老子》时，我要宣称，我只是来带着大家感触一下《老子》。他人可能因为我的某一段解读而感触很深，但那只是感触，千万别因为感触很深而误认为我有什么神通能使你感悟。能使你感悟的是你自己的求索，你的求索之心处于首位。

我还要指出，大部分国学大师的翻译，无论如何也达不到"知行合一"，也达不到"观复"。我不是作者，我只是翻译者，他人是读者，但又不是行者，所以他人无法和我互为"知行"，无法"合一"，也无法"观复"。最终的结果是，你听了一辈子讲解，甚至自己都可以成为讲师，却从未有过高层次的"融入"，从未有过高层次的"观复"。人人都是旁观者，人人都在无意识地作壁上观，人人都在无意识地袖手旁观。

当我写这本书第一章的时候，我就大体上知道该怎么写了。我不会成为一名止损专家，我会在"逃离止损"中做好止损；我不会成为一名趋势专家，我会在"趋趋不逝"中做好趋势；我不会成为一名离场专家，我会在"捂不能捂"中做好离场。没有执着，时机到了，自然升起。我只讲市场、讲交易、讲专业，就具足了。

或许，我也理解了庄子，庄子不也是这样呈现的吗？庄子没有仰视老子，庄子以一个漆园吏的身份去平视，他在说自己的故事，他只需要呈现一个字：妙。庄子就是最妙的解读，最妙的翻译。庄子的书我几乎没读过，只是在网上看过一些解读庄子的视频，但我敢说，我比大多数研究庄子的人都更接近他。你只有接近了庄子，才能识别一个漆园吏。

风 月 宝 鉴

读文学作品，用感知去"深入"，不要用标准去"浅出"。最近几年，有些成功人士用标准去"浅出"文学作品，甚至敢于去衡量文学经典。成功人士在"有世界"获得的经验，就在"有世界"去提升"有"人，不要越界。你无法评估"漆园吏"，因为你识别不了他。你用标准去评价他，他在你的尺度里，那就是一个标准的"漆园吏"，不能再加分了。

当你拿出了标准，作品就会对应给出可供度量的部分，一部《哈姆雷特》可以有一千种解读。其中的一个哈姆雷特获得了标准值，他大声喊：

"我是标准的哈姆雷特。"经典文学作品和市场一样，都是镜子，它按照你的标准照出了一个标准的你。你可能会获得短暂的收益，你可以赶紧拿钱走人，别再回来，人生总有偏财时。

世界因为标准而平庸，而不见心。你使出了标准的力气，连一丁点儿碎片都见不着。我能批判，是因为我曾经也是标准的"哈姆雷特"，市场中还有999个"准二哈"，正在为了达到"标准哈"而努力。这是常态，是"假有态"。当我不再是"标准哈"时，我也犹豫，要不要说点什么。我过去也认同"万物具足，何来法说"。但转而一想，万物何来？所以，不应说法，只说万物何来。

如果你误以为你的标准是真理，你想要在市场里面取之不尽，想在文学里面永垂不朽，那最好不要把自己捧得太高。一旦"无"世界的力量光顾到你，你可能瞬间就成为反面典型。"无"世界的力量会让你嗅到绝望，你无法抵抗，找不到敌对方。你在某个瞬间被就地正法，成为反面典型。你本想在历史的篇章上留下两页，没曾想到却是两页的反面典型。"无"世界拉拢全世界视你为"刍狗"一条，毫不留情。

如果你非要找出某个标准，或某个尺度。我可以告诉你，那就是虚无的时间。时间既是极致的标准，也是极致的虚无，它是一个"既有也无"的尺度。所以，当你鼓吹一个可以被标准度量的价值时，它一定会被时间以不语的方式虚无掉；而一个无法被标准度量的价值，就算你万般诋毁，它也会被时间以不语的方式传承下来。

很多人说，市场是面镜子，照出了真实的你。你"照出"了自己，这是你的"初照感"。有人说，炒股几年，我借助市场这面镜子，照出了我的贪婪，而我已经接受了教训，不再贪婪了。真实的情况是，你的贪婪还在那里，它并没有与你和解。因为你在和市场的对抗中惨败，所以忍住了贪念，才能苟活，你的苟活比爆仓出局好很多，你貌似进步了一大截。

你发现了忍住的好处，甚至学习了各种科学忍住的方法。最终，你会成为一个"忍住"专家。这和"止损专家就是老亏货"一个道理。你忍住了贪婪，这样在大部分没有行情的日子里，你可以体会到忍住的好处，你渐渐习惯了忍住，也习惯了没有行情的日子。

当大行情到来的时候，你本应该和行情一样贪婪的时候，却有些不适应了。你已经养成了不贪婪的优秀品质。但这次，你踏了个大空，从惨痛教训中培养起来的优秀品质尽显滑稽，你遇见了一个"滑稽"的你，亦是初见。此时，你惊讶地发现，借助市场镜子，你"照出"了你的"忍住"。大部分人在炒股的几年至十几年中，平均下来有亏有赚，因为"忍住"而"空活"了下来。

最终的结论是，市场是面镜子，不但"照出"了真实的你，而且"照住"了真实的你。一般来讲，至少经历几年、一两波大行情，你才会因为贪念而产生被"照出"的感觉。接着你开始保守起来。然后，再经历一两波大行情，你才会因为踏空而产生被"照住"的感觉。带着这个"略有"的"照住感"去复盘各种市场、各种历史行情，你赚到了多少？踏空了多少？总结一下，在时间的永久尺度上，你能忍住多久，就被拘禁多久。要么即死，要么空活。

我的思想又溃败了，和上次掉入"尺缩空间"一样，我脑袋空空，无力自救，瞬间成为笼鸟池鱼，和所有多年总结出来的"忍住经验"一同被拘禁在"镜像空间"。你拿着时间这个唯一的标准，调到历史尺度，你被拘禁在"镜像空间"；调到当下尺度，你又跌入"尺缩空间"。不是空活，就是错过，你在市场中待的时间越久，就越发现似乎从未进入。就像你在世间活得越久，越发现似乎从未真正活过。这就太"阴损"了。

你觉得自己已经财务自由了。这个"阴损"的世界告诉你，恭喜你，你财务自由了，你人生自由了。你自由了吗？你可能暂时有钱了，也经历了一些风浪，似乎心里也有点儿数，不能瞎投资，投错一次瞬间归零，甚至负债。如果忍着点儿花，可能两代人都够了。你最好与世隔绝，这辈子让所有的行情都找不到你，就好像你根本没来过这个世界一样。我本性向往自由，但却走向了逃避。

我是射手座，最讨厌禁锢，尤其是这种"阴损"的禁锢。我可以原地待一辈子，一个人的孤独是我的狂欢。我从天性上就对思想上的"禁锢"

很敏感。我被市场照住了精神气，我蔫了，然后我就反应过来了。这是一个"必要禁锢"，你只有识别了"假出真住"，才有可能"破住而出"。人生无处不禁锢，你忍不住，就死了。你忍住了，就"住"了。紧箍之下，大圣照见六耳；紧箍之下，敢问路在何方？

如何"破住而出"？试想一下什么东西镜子照不住。这个答案很多人都知道，儒释道一直在说，就是"无"。镜子照不出"无"，自然也就"无住"了。答案一直就在那里，我却进入不了。一个人也不可能从"有"一下子就转到"无"。我勉强去"无"，使劲儿去"无"，这些"勉强"和"使劲"都被精准照见，任何伎俩都不起作用，原形毕现。

市场就是这个世界的子世界，当我有了"照忍感"之后，我着急了。人生在世，就不可避免地被"太虚幻境"照住。我这一天不去"破住"，这一天就是一辈子的缩影；我这一世不去"破住"，这一世就是生生世世的缩影。所以我要求索，能不能求出来，我也不知道。但至少得求啊。

我想着"破住而出"，我重新观察着"破茧而出"之前的蛹世界。很多"蛹"已经开始财务自由了，很多"蛹"开始发光，权力之光、财力之光、智力之光、魅力之光，等等。"蛹世界"光芒万丈，万丈之下，皆是"蛹生"。我确认了，光芒不是蜕变之母，光芒是蜕变的障碍。你被光芒遮住了，五色目盲。

五色令人目盲，五音令人耳聋，五味令人口爽，驰骋畋猎令人心发狂，难得之货令人行妨。是以圣人为腹不为目，故去彼取此。

——《老子·十二章》

如果说，光芒是遮住，难道黑暗才是"破出"吗？黑暗是光芒的对立面，但它不包含光，它连想要"破出"的念头都没有，而我的念头是很强的。我大胆猜想，它具备的特征是：既对立，也包含。最终，我能想到的答案是"光阴"。当你想要强行进入"光阴"时，你进入得越深，它隐藏得越深；当你想要强行遮住"光阴"时，你遮住得越广，它光照得越广。

当有人去诋毁它时，反而促成了对它的赞美；当有人去盗用它时，反而促成了对它的给予；当有人去毁灭它时，反而促成了对它的重生。

无数人说"无为"无用，"无为"消极，"无为"糟粕，但你越批判它，它越被弘扬。两千年了，你拿它一点儿办法都没有。我拿出了镜子，去照这个"光阴"，我原以为它是"无"的，我原预期什么都照不出来，我原预期镜子里面什么都没有。但出乎预期的是，它却在"和同"镜子的频率。我惊呼，镜子里面出现的是镜子，镜子照出了"镜子"。我收起了镜子，它又在"虚度"的频率中"阴阴发光"。真的是"湛兮，似或存"。

我花了很长时间求索，才渐渐融入了"光阴"，然后借着"光阴"又一次进入了股市。我觉得我融入"无"了，我原预期市场什么都照不出来，但结果却是，我反过来照见了市场，照见了行情。此时，我才"阴阴"地知道为什么叫"股市之道"，而不是"股市之释"和"股市之儒"。你知道为什么吗？

聪明人避开谈"大道"，而却一味地说"可以至简"；聪明人避开谈"全知"，而一味地说"知行合一"；聪明人避开谈"行情"，而却一味地说"如何跑赢"。醒醒吧，同志们。我们要谈的只有大道、只有全知、只有行情，你要"照出"一段行情，你自然就跑赢了。通过"道"看世界的方式是"照出"，是"观"，所以叫"道观"，悟道之人在道观（道教宫庙）里面观道。

> 道冲，而用之或不盈。渊兮，似万物之宗。挫其锐，解其纷，和其光，同其尘。湛兮，似或存。吾不知其谁之子，象帝之先。
>
> ——《老子·四章》

必要空虚

我多次提到空虚，不是为了避免空虚，而是为了识别那个正确的空虚，并深深地进入那个正确的空虚。所以，我把这个正确的空虚称为"必要空虚"。你只有进入了必要空虚，才能破茧而出。既然有必要空虚，也就会有"非必要空虚"。你越是在"非必要空虚"中努力，越是作茧自缚。

这样讲可能大家更容易理解。我们都知道"失败是成功之母"这句话。大多数人的失败都是"非必要失败"，就算经历千百次，也不可能走向成功。所以这句话应该这么讲："必要失败"才是成功之母。你在"非必要失败"中追求成功，不动还好，不动不伤，妄动会遭反噬。所以识别"必要失败"是最重要的，当你能够识别出"必要失败"时，你就找到成功的门径了。

也有少数人认为世上没有成功。曾仕强说：如果真正了解道，那就应该知道世界上根本就没有成功，谁成功了？有史以来哪位成功了？成功就是失败，失败就是成功，易经讲得很清楚。你从这个角度来看是成功的，从那个角度来看说不定造了很多孽。一将功成万骨枯，那都是人家的子弟，要跟你怎么算账。

我从另一个方面理解，成功的人是极少的，是天选之子，是千古一人，所以也可以说几近于无。因此，我慎言成功，也慎言失败。所以不要去讲"必要失败是成功之母"。不要去讲成功，只说那是果实。我也不讲"必要失败"，讲它是"必要空虚"更为合适。

"必要空虚"是子宫，它孕育出来的任何东西都会有"虚"的特征，我们希望它孕育出来的果实是殷实的，但越是殷实，越是虚隐。就像我在第二章花了很多篇幅讲解"难言之隐"，隐情越是完美浮现，就越是容易转化成另外一种隐情。由此看来，叫果实也不妥，最合适的称谓是"虚度殷实"。《老子》中用了"绵绵若存"，这个词太美了。

我将在《股海闻道（中）》中详细解读"虚度殷实"。我们现在可以从反面聊聊，也就是现阶段，我们聊聊"非"。大部分市场参与者都在"非必要"这一面折腾，越是机构越有资源折腾。所谓的正规军，就是"正儿八经地成规模折腾"。比如，大部分鼓吹价值投资的，花几千万去搭建研究团队，每个重要行业都配备研究员，无论成功与否，它们都乐于向大家展示自己的研究排面。

巴菲特有研究员吗？索罗斯的团队有几个人？他们的整个团队都各只有三个人吧。这放在中国，都不符合私募公司最少 5 人的门槛。巴菲特请不起研究员吗？为什么他不多找几个助理呢？你经常发现，有几只股票的基本面是最好的，为什么却跑不赢行情？另外几只股票的基本面明显不好，甚至公司今年都没有盈利，为什么股价却在井喷？你要想，要多想，不能视而不见。

每次市场下跌，很多明星产品回撤幅度远大于指数，已经封神的基金经理也会出来道歉，说要好好反省。他在反省什么？你去关注过反省内容吗？他的反省是"必要反省"吗？下一波行情，他有可能再次封神，然后再次跑输指数，然后再次反省，最后谁做了嫁衣？谁在称赞他凤凰涅槃？如果还有第三次，谁又在标榜他三起三落？

你要小心，所有的方面都有可能是非必要的方面，哪怕你在敬畏，都有可能是非必要的敬畏；你对美好品德的展现，也有可能是非必要的展现。如果你坐在了"非必要"的蒲团上，就算坐破了蒲团，也见不到功德。无论是你自己折腾，还是把钱给别人折腾，终究是给市场做了嫁衣。对市场来说，你是"刍狗"一条，市场不在乎。

我之所以不敢深入探讨对音乐的看法，是因为在音乐这个领域，可能还存在更深层次的"必要空虚"，这是我这个门外汉无法触及的"必要空虚"。我触及的也许只是音乐感知的"必要空虚"，但不是专业人士的"必要空虚"。在市场这个领域，我就要发言了，要探讨一些深层次的问题。我知道，任何言论都可能失之偏颇，那为什么还要去讲呢？

如果说闻道有先后，那么先闻道者就应该去讲，就算失之偏颇，但至少可以讲出那个偏颇的方向。如果你不去讲，不去传播，有些人就会兴风作浪，就会"无中生有"。老子的做法是"镇之以无名之朴"。镇住就行，别到处流窜就可以了。你不需要对抗，不需要消灭，不需要争辩，只需要去深入，深入到足够的深度，自然有同样深度的人来响应你。你们会在那个深度上共同构建老子所说的"无名之朴"。

很多歪门邪道，其本质是无知。无知是杀不死的，你欲杀它，反而会激起大众对无知的捍卫，所以只能镇住。无知在比较低的层面也起着推广的作用。我也是被"大道至简"吸引来的，我也是被"蝴蝶振翅"煽动起来的。我们都是从反方向开始进入的，都是被蛊惑的。它们就是盗用《老子》来蛊惑，所以《老子》就要用"无名"来镇住它们。蛊惑是杀不死的，我们不去阻止它在较低层面的存在，它有存在的合理性。

蛊惑在较低层面的合理性是什么？我看到过很多"大道至简"的精品帖子，它们铺天盖地地、带有目的性地进入你的视野，于是我们就看到了被盗用的《老子》。这些文字告诉你"道损"就是删减，"大道"被你人为删减到了"至简"。我在"至简"中无助了很久才明白，不能把道给"损"没了，老子讲的"为道日损"的意思是，通过"每日梳理"的方式来接近道，最后达到"抱一为天下式"的境界。就像梳理头发一样，我们并没有剪去头发，只是去梳理，千丝万缕一根不少，一根头发的状态就是一头头发的状态。

无论入市还是入世，铺天盖地来找你的都是假的，"真言"也是以"假意"的模样出现的，只有你的"求索"才是真的。有一天，"假意"开始暗暗发光，这点微光也只有你能感受到，你无法向别人述说。你干脆把自己调成了静默，像一位母亲一样，守护着这点"微光"。你不只是守护它，也学会了借着"假意"去隐藏它。当有一天，它蜕变了，没有出现预期的"破假而出"，似乎和假融为一体了，它的状态就是"真真假假"。此时，没有人可以伤害它，伤害它反而是在促成它。有人欲盗用它，却反而推广了它；有人欲推广它，却反而镇住了盗用。你完成了对它的求索，也同时完成了对自己的求索。

我智商也不高，写不出什么高智商的东西。上士闻道，勤而行之。我也不是勤快人，所以也不敢自称上士。只是在闻道方面，我是喜爱，所以是喜而行之。写出这些"无名之朴"，分享给为道而"勤行"的朋友。

我把感官认知分为"感到、感受、感触（有、有无）、感应、感悟"这五感六级。在交易领域，亦是如此。我设计了"感知路径"，这样大家就可以对照着看一下自己的进度，不至于走丢了。

感 知 路 径

对照这几个章节的内容：趑趑不逝、大成若缺、必要缺憾、原始发生、用心良苦、风月宝鉴、必要空虚。反复对照，从不同认知角度对照同一个空虚：尺缩空间、井喷损补、必要缺憾、悟入歧途、必要禁锢、虚度殷实、被动必然、主动必要、逻辑绵绵。当我去讲具体的东西时，我的叙事方式是线性的；当我去讲"空虚"时，我的叙事是从不同角度，反复关照，来回关照。

"感知路径"如下：

1. 感到（有）：识别混沌介质形态，识别"充分吸引"形态。

2. 感受（有）：感受"充分吸引"形态的"连续浮现"。

3. 感触（有）：当行情来临时，股票的"充分吸引"形态也围绕指数"密集浮现"。我以此判断行情，从此很少错过行情。但我也错误地认为只要找出 10 个"相对终极"形态，就能跑赢行情。最终的结果是，我选择了"相对终极"，结果却差强人意。

这三个步骤是在"有"的维度感知市场。从结果上看，那些"井喷"的形态是我开始看不上的形态，就像有些暴发户，也是我从一开始就看不上的人。而此时的我就像大部分人一样，无论怎么努力，还是不如意。你可以无视，可以只做看得懂的行情，可以在自己认为的"终极形态"中深入下去。但空虚一直在那里，你一直无视，你就一直空虚。

世间本没有空虚，是你逼着自己追求"有"的极致，是你非要买最贵的器材，所以才形成了空虚的结果，这个是你的专属空虚。但不要害怕那个空虚，要识别那个"必要空虚"，你深深地进入那个"有"，同时引起那个"空"，你的"有"拉满了"空"。你得到了一个空虚的范围，这个范围是你未来顿然醒悟的发生场所，你会有几次比较大的顿然醒悟，都是在这里孕育起来的。

这里提示一下，在《老子》的世界中，大地母亲的子宫不是生硬的"必要空虚"。既不存在深入"有"的过程，也不存在拉满"空"的过程。在《老子》的世界中，"有无"同时存在。所以大地母亲的孕育是"虚怀"的，也是"绵绵若存"的。

谷神不死，是谓玄牝。玄牝之门，是谓天地根。绵绵若存，用之不勤。

《老子·六章》

- 感触（有无）：你开始正视，尝试着接触那些"不完美"但有可能"井喷"的形态，并获得了几次"井喷"的"初尝"，那个"喷"的力度让你踏实了，也缓解了长久以来的空虚。你发现，在一波行情中，你预期"井喷"的形态中，最终会有一部分大涨，而另一部分表现平平。你无法事先做出判断，所以只能全部包含。

- 感应（有无）：当行情浮现时，你得到了一个"大成若缺"的形态大集合，不难看出，这是一个市场氛围。我用最普通的归属关系，也就是指数、板块，去关联这些散点，这样就可以围绕"指数"和"板块"去观察"散点"的连锁反应。在这个氛围里面，散点繁繁，散点碎碎，散点缠缠。我获得了"大成若缺"感，但我还想更进一步，想找到某种梳理的方法。

- 感悟（有无）：对照《老子》，悟出"反比浮现"，悟出"统一战线、舍我其谁"。这是我悟到的行情"自我梳理"的方法，在本书的"闻道篇"中有详细阐述。我们还会悟出其他"自我梳理"的方法，将在第二本中书补全。届时，你可以从"若隐若现"的整体中靠近"若现"，可以从"大成若缺"中远离"若缺"。届时，我们将有能力在一开始就预期"必要缺憾"中的"井喷"形态。

这样你就界定了氛围，在这个界定中，"繁即是碎，碎即是繁"。《老子》也是用5000个字、81章的"繁繁、碎碎、缠缠"，激起了"道之所在，虽千万人吾往矣"，激起了"朝闻道，夕死可矣"，实际上是激起了你的"痴心索道"。此时，你已经到达"繁、碎、缠、痴"这个高度了。这已经是求索的颈部区域，颈部就是"领"，你离"领悟"也就不远了。在没有达到颈部区域之前的任何"痴"都要慎重，有可能发展成长久的痴迷不悟。

逻辑绵绵

我们这本书会用形态描述"关重区"的"五感六级"。我们在之前的"闻道篇"第四章中也讲到"关重区"最后的"关隐逻辑"是"统一战线、舍我其谁"。"关重区"是比较容易梳理的，"关热区"则比较隐秘。这个世界的一半是相对容易理解的，另一半会比较隐秘。我们先从比较容易的这一半，体验"五感六级"的各个方面。

"关热区"形态数量极大。在这本书中，我们可以先熟悉一下"关热区"的氛围。"关热区"的"关隐逻辑"不是直接的"舍我其谁"，"关热区"如何梳理，我们将在下一本书中探讨。

当我们以图形为介质去表达全部内容的时候，我们还是要结合逻辑的，毕竟专业领域的书籍，还是要回归到应用层面，不能只是启发智慧。你可以启发，但不能全是启发，一旦成书，就必然会结合"逻辑"，无逻辑不成书（应用书籍）。可能有偏颇，可能会有一些风险，可能会被人诟病，但必须这样做。

我们的图形展示包含了两个方面的逻辑：一个是你看到的形态；另一个是所有形态的整体关联。

1. 形态逻辑："逻辑绵绵"。

对于你经历过的每一个图形，不要过度解读，就像不要过度翻译《老子》一样。你尝试先把"绝对逻辑"放下来，从每个形态开始，形态即是碎片，"嗅一嗅"味道，尝试用"味道"去表达，去进入，去挣脱"绝对逻辑"，去解放思想。让自己闻到"逻辑绵绵"的味道即可。在接下来的形态中，我尽量去讲"味道"，不讲"绝对逻辑"。这个"味道"是形态散发出来的，具有自相似特征：是密集涟漪，是波澜相倾，是先锋之勇，是后盾之稳。

2. 整体逻辑："关隐逻辑"。

我们进入"关隐逻辑"的主要方式是"观"，也就是所谓的"道观"。接下来的图形阶段，我们尝试去"观"，去观"关重区"的"关隐逻辑"。在"关重区"，这个"关隐逻辑"就是第四章描述的"统一战线；舍我其谁"。我们会以"统一战线"为方向，围绕勇当先锋，围绕稳做后盾，最后去接近"舍我其谁"。

指导方针

我们在第四章"统一战线"这一节简单描述了不同的市场阶段所对应的战线特征。本书以"关重区"为例：

• 在一个案例集合中，我们率先给出指数形态，指出市场阶段，标出指数机会位置。

• 围绕指数，给出权重板块形态，指出"先锋之勇"，或"后盾之稳"。

• 围绕指数，围绕板块，给出权重股票，指出更"勇"，或更"稳"。

• 以"勇"为统一，或以"稳"为统一。

完成对"统一战线"的预判，就完成了所有工作，你就不需要再做任何事情了。

倒驾慈航

接下来，本书会给出完整的"关重区"的案例集合，通过形态展示最终结论，是一个"方聚寸心"。也就是说，我会提供一段"行情之心"的最终具象来供大家来"观"。在这本书中，你看到了几十个权重股票形态，看到了十几个权重板块形态，看到了"方聚寸心"的最终具象，但也请记住，"关重区"是比较容易认知的区域，我们先体验这个相对容易的"五感六级"。

虽然你看到了最终的具象，但你应该"倒驾"到"感应氛围"，给自己渡一下。你应该尝试着补全一个集合中所有相关形态，看一看所有相关的上百个图形的样子。在此之中，培养"五感六级"，培养感知在市场行情中的立体成像。甚至"倒驾"到"感触颇深"，去体验一个图形，去体验一下各种近似完美的形态带给你的感触。

你知道，你只是去体验那些近似完美的形态，但不会痴迷其中。你知道，无论形态多么完美，那也是"术"的层面。你在补足了形态体验之后，还是会回到"道"的层面。你应该从多个不同案例集合中，"观复"不断重演的"繁心碎现"，培养相似的立体成像。上士闻道，勤而行之，多次感应，感应股市的行情在一个大致的范围里面散落，碎片化地散落，层层围绕地散落。

当你经历了一定数量的散落之后，就会自然而然地产生整体感应，是"繁心碎现"，是"大成若缺"，是"飞花痴缠"的立体成像。而且，你能够了解到"重演不重复"的内因。在这个阶段停留一段时间，给自己一段时间训练，不要急于求成。

横向"观复"多个不同的行情；纵向"观复"每一个行情的"五感六级"。

> 致虚极，守静笃，万物并作，吾以观其复。
>
> ——《老子·十六章》

浮图事项

1. 一般情况下，先看月级别，也就是历史级别。当月级别逐步"浮图"后，再看周级别有没有更精确的入场位置。如果月级别浮图不明显，那么就需要周级别浮图来辅助。

2. 指数级别倾向于看周级别形态，指数是所有成分股的中和形态，所以周级别是比较合适的观测形态。

3. 成分股每半年调整一次，所以有一部分成分股可能已经改变了。我们暂且使用2022年底的成分股作为学习对象，基本上不会影响最终学习效果。

4. 浮图阶段，我把需要关注的"意义"标示在图形上，大家可以反复对照相关章节。我不再做大段文字评述。这个阶段是图形"一目"演示阶段。要从快速的"一目"浏览，上升到对行情整体的感应。

我打算给出两个大集合，两个"关重区"的"五感六级"。所以每个"关重区"只能给出小部分形态。大家主要看结构上的重演，看"关隐逻辑"。可以自行补足相关碎片，补足所有感触，这也是留给大家训练的空间。

第六章

围绕战统、勇当先锋

在 2020 年 6 月中旬的行情中，沪深 300 指数形态是中部发展位置，均线汇聚后突破。此位置会出现大量勇当先锋的形态。我们看看这些形态是如何浮现"战线统一"的。

我们在学习第四章"关键权重"这一节的时候，还在引导大家看 300 只成分股。读到这里，理论上你是不需要去看每一个成分股了。我们按照"关隐逻辑"的结构，来展示"逻辑绵绵"的形态。

指 数 分 析

我们先来看看如图 6 - 1 至图 6 - 3 所示的"关重区"指数形态。我们通过对三者进行比较，可以看出大盘成长指数在 2020 年 6 月中旬的走势是三者之中相对激进的。我们可以预见，在大盘成长成分股中，可以发现很多具备"先锋"特征的股票形态。

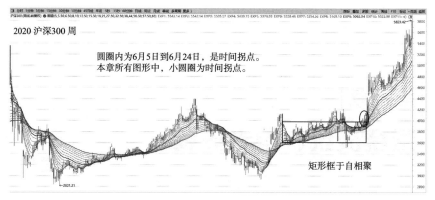

图 6－1　沪深 300 周线图

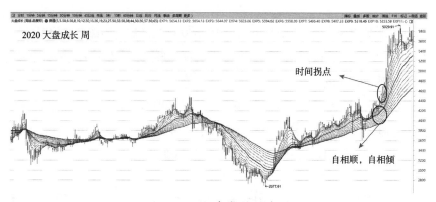

图 6－2　大盘成长周线图

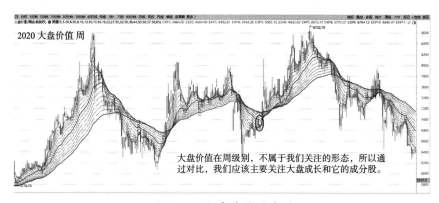

图 6－3　大盘价值周线图

权重板块

首先，我们按照总市值由大到小排列行业板块，如图6-4所示。

	代码	名称(25)	涨幅%	现价	涨跌	AB股总市值	涨速%	量比
1	880471	银行	-2.30	2065.73	-48.67	74138.34亿	-0.14	1.03
2	880446	电气设备	-1.29	1733.29	-22.63	56880.27亿	-0.05	0.86
3	880335	化工	-0.49	1743.57	-8.53	37686.73亿	-0.05	1.07
4	880380	酿酒	-1.66	7171.34	-121.03	45074.02亿	-0.15	1.11
5	880400	医药	0.63	2234.81	13.97	44140.61亿	-0.01	1.40
6	880492	元器件	-1.00	2098.49	-21.28	28344.59亿	-0.08	1.00
7	880390	汽车类	-0.74	1878.02	-13.91	30466.32亿	-0.05	1.00
8	880472	证券	-1.55	1309.76	-20.68	28011.86亿	-0.05	0.84
9	880324	有色	-1.51	866.55	-13.25	25374.52亿	-0.06	0.98
10	880398	医疗保健	-0.34	4087.00	-13.95	25279.38亿	-0.05	1.11
11	880305	电力	-1.76	1879.52	-33.68	27073.79亿	-0.02	1.02
12	880493	软件服务	-1.63	2609.35	-43.21	30438.07亿	-0.06	0.90
13	880491	半导体	-1.91	2415.17	-47.05	36739.68亿	-0.12	0.78
14	880372	食品饮料	-0.71	2774.24	-19.91	18723.05亿	-0.06	1.11
15	880440	工业机械	-0.86	1864.09	-16.24	21210.89亿	-0.05	1.11
16	880476	建筑	-1.89	1409.12	-27.08	19361.46亿	-0.13	1.01

每次行情，识别权重板块形态，通过权重板块形态，通过一遍遍的"观"来逐步深入本次行情的"关隐逻辑"。

这是2023年5月的排名，在2020年6月，银行、酿酒、化工、医药是比较靠前的行业。

图6-4 行业板块按总市值排名

其次，我们聚焦权重行业板块在2020年6月前后的形态，如图6-5至图6-18所示。

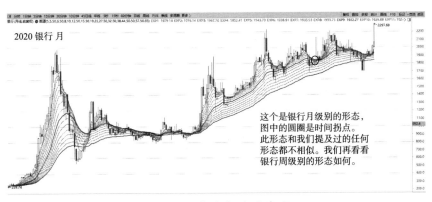

2020银行 月

这个是银行月级别的形态，图中的圆圈是时间拐点。此形态和我们提及过的任何形态都不相似。我们再看看银行周级别的形态如何。

图6-5 银行板块月线图

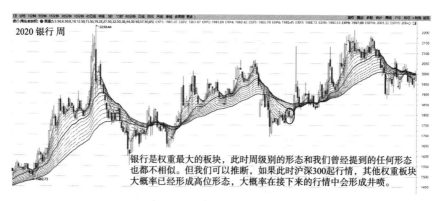

2020 银行 周

银行是权重最大的板块，此时周级别的形态和我们曾经提到的任何形态
也都不相似。但我们可以推断，如果此时沪深300起行情，其他权重板块
大概率已经形成高位形态，大概率在接下来的行情中会形成井喷。

图 6-6 银行板块周线图

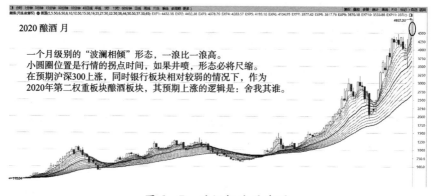

2020 酿酒 月

一个月级别的"波澜相倾"形态，一浪比一浪高。
小圆圈位置是行情的拐点时间，如果井喷，形态必将尺缩。
在预期沪深300上涨，同时银行板块相对较弱的情况下，作为
2020年第二权重板块酿酒板块，其预期上涨的逻辑是：舍我其谁。

图 6-7 酿酒板块月线图

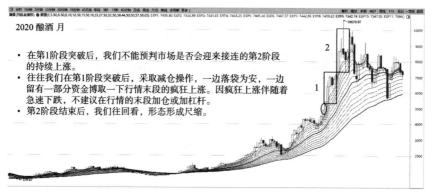

2020 酿酒 月

- 在第1阶段突破后，我们不能预判市场是否会迎来接连的第2阶段
  的持续上涨。
- 往往我们在第1阶段突破后，采取减仓操作，一边落袋为安，一边
  留有一部分资金博取一下行情末段的疯狂上涨。因疯狂上涨伴随着
  急速下跌，不建议在行情的末段加仓或加杠杆。
- 第2阶段结束后，我们往回看，形态形成尺缩。

图 6-8 酿酒板块月线图

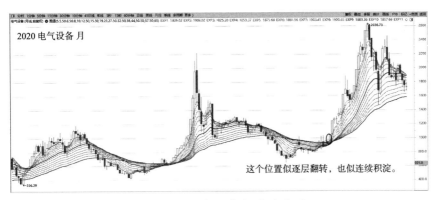

2020 电气设备 月

这个位置似逐层翻转，也似连续积淀。

图 6-9　电气设备板块月线图

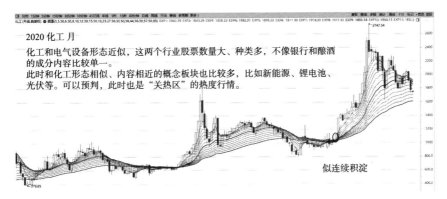

2020 化工 月

化工和电气设备形态近似，这两个行业股票数量大、种类多，不像银行和酿酒的成分内容比较单一。

此时和化工形态相似、内容相近的概念板块也比较多，比如新能源、锂电池、光伏等。可以预判，此时也是"关热区"的热度行情。

似连续积淀

图 6-10　化工板块月线图

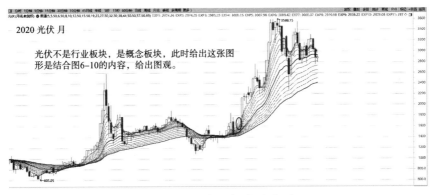

2020 光伏 月

光伏不是行业板块，是概念板块，此时给出这张图形是结合图6-10的内容，给出图观。

图 6-11　光伏板块月线图

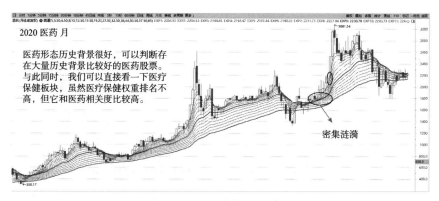

图 6 – 12　医药板块月线图

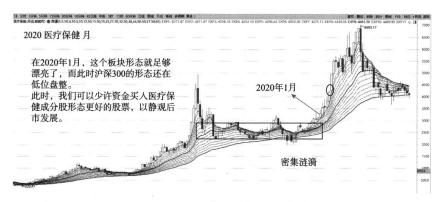

图 6 – 13　医疗保健板块月线图

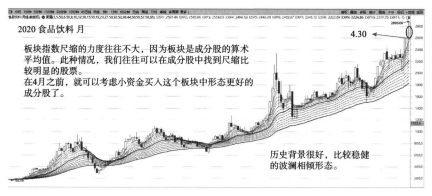

图 6 – 14　食品饮料板块月线图

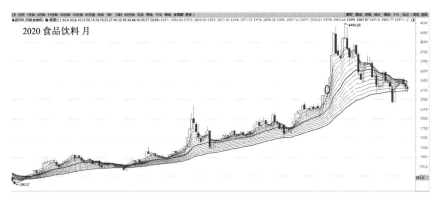

图 6－15　食品饮料板块月线图

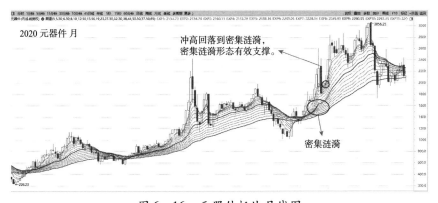

图 6－16　元器件板块月线图

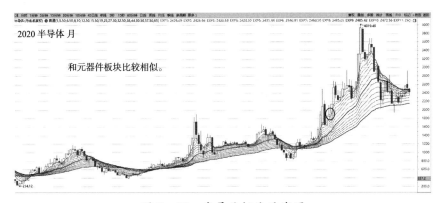

图 6－17　半导体板块月线图

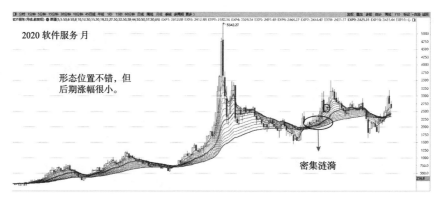

图 6-18　软件服务板块月线图

其他权重板块还有汽车、证券、有色等，这些形态不属于我们的可识别形态。从后市来看，汽车板块会脱颖而出。

我们选择酿酒、医药、医疗、食品保健这几个可能会出现井喷的板块，来看一看板块内权重股票的表现如何。

勇当先锋

我们选择酿酒、医药、医疗、食品保健板块，再在每个大板块里面选出排名前 6~8 位的股票中，其中必然会出现至少一半高位形态，我们选 3~4 个相对较好的"波澜相倾"的高位形态，每只股票给出井喷前后的两张图，大家体验一下尺缩。为了简单明了，以后章节中就只给出"尺缩"后的形态，"尺缩"前的样子大家可以自己查看。

在 2020 年 6 月行情中，我们从酿酒板块中选出了贵州茅台、五粮液、山西汾酒、泸州老窖这几只股票（见图 6-19 至图 6-26）。

在 2020 年 6 月行情中，我们从医药板块中选出了片仔癀、智飞生物、恒瑞医药、长春高新这几只股票（见图 6-27 至图 6-32）。

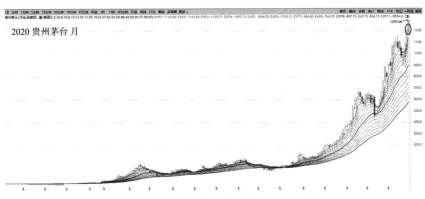

图 6 – 19　贵州茅台月线图（井喷前）

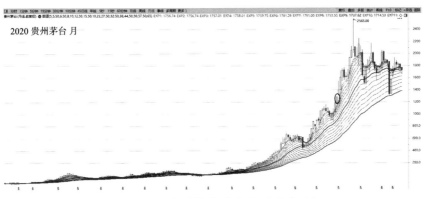

图 6 – 20　贵州茅台月线图（井喷后）

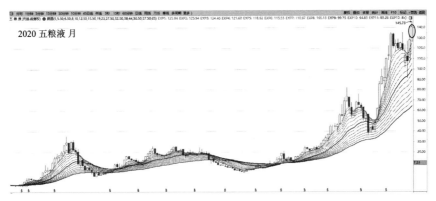

图 6 – 21　五粮液月线图（井喷前）

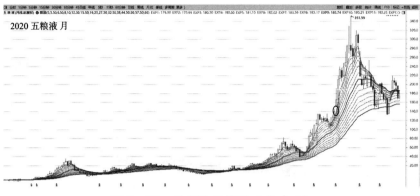

图6-22　五粮液月线图（井喷后）

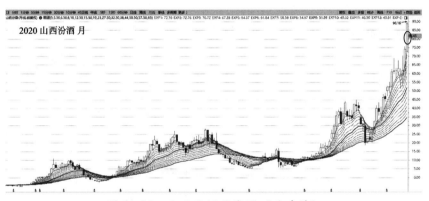

图6-23　山西汾酒月线图（井喷前）

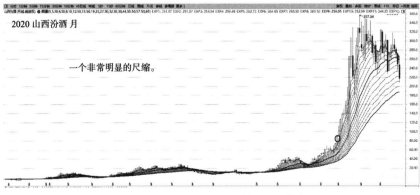

图6-24　山西汾酒月线图（井喷后）

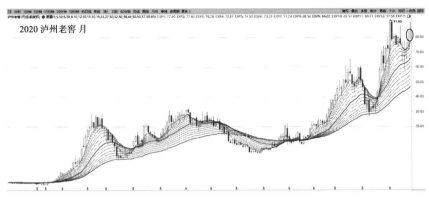

图 6 - 25　泸州老窖月线图（井喷前）

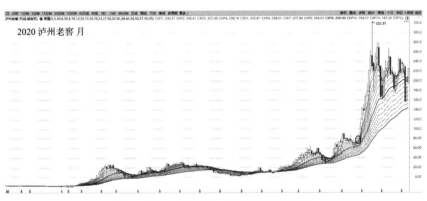

图 6 - 26　泸州老窖月线图（井喷后）

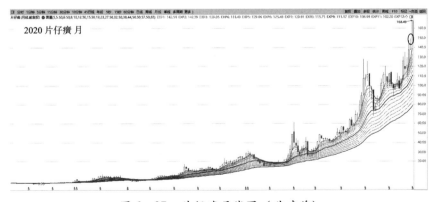

图 6 - 27　片仔癀月线图（井喷前）

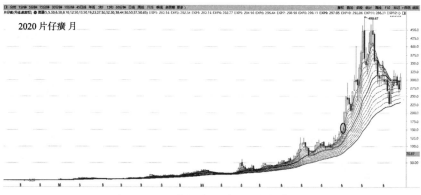

图6-28　片仔癀月线图（井喷后）

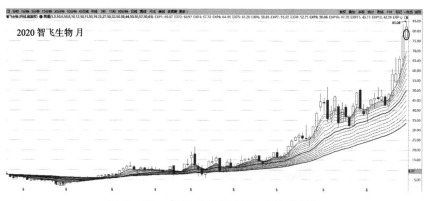

图6-29　智飞生物月线图（井喷前）

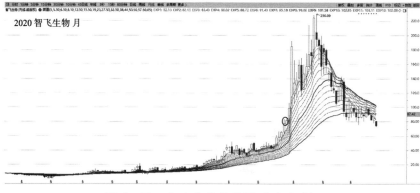

图6-30　智飞生物月线图（井喷后）

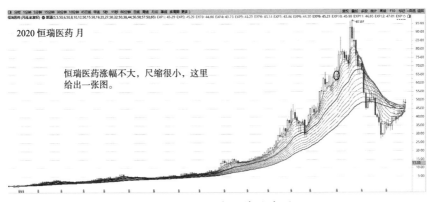

图 6 – 31　恒瑞医药月线图

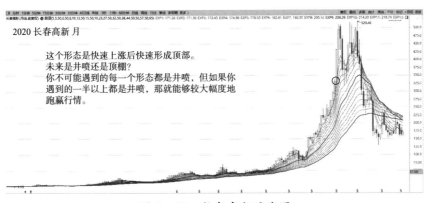

图 6 – 32　长春高新月线图

　　在 2020 年 6 月的行情中，我们从医疗板块中选出了爱尔眼科、泰格医药、通策医疗这几只股票（见图 6 – 33 至图 6 – 38）。

　　在 2020 年 6 月行情中，我们从食品饮料板块中选出了海天味业、伊利股份、双汇发展这几只股票（见图 6 – 39 至图 6 – 42）。

　　我们先给出这些形态。我们既要熟悉形态，也要从整体上把握这些形态，并和本书理论部分的相关内容反复对照。截至 2023 年 1 月，这些品种基本上都是各个权重板块排名前 5 位的权重品种。

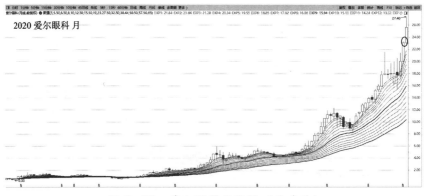

图6-33 爱尔眼科月线图（井喷前）

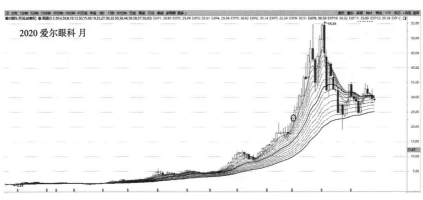

图6-34 爱尔眼科月线图（井喷后）

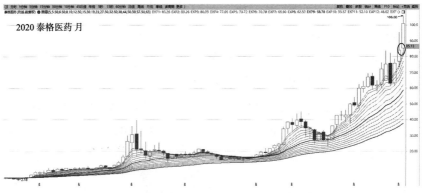

图6-35 泰格医药月线图（井喷前）

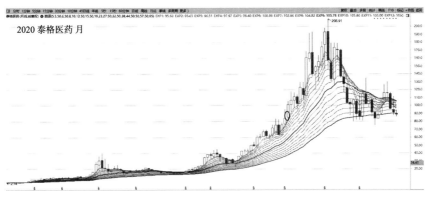

图 6 – 36　泰格医药月线图（井喷后）

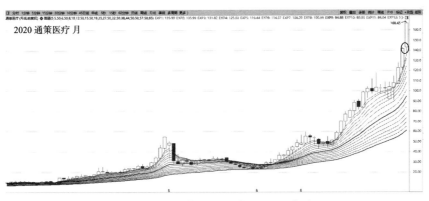

图 6 – 37　通策医疗月线图（井喷前）

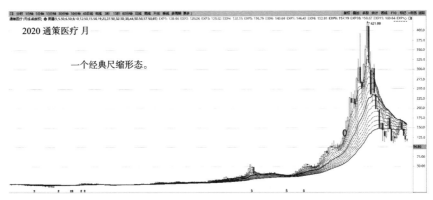

图 6 – 38　通策医疗月线图（井喷后）

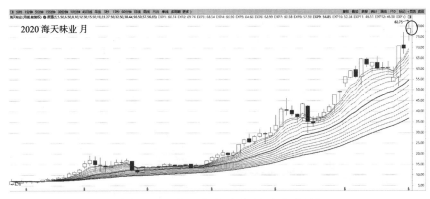

图 6-39　海天味业月线图（井喷前）

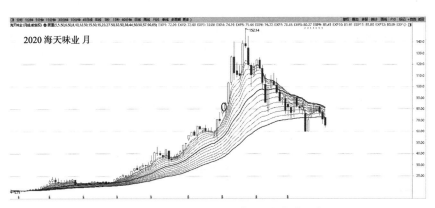

图 6-40　海天味业月线图（井喷后）

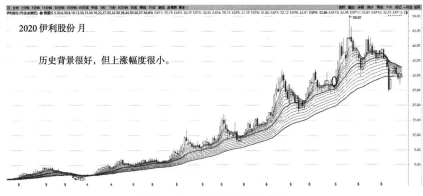

图 6-41　伊利股份月线图

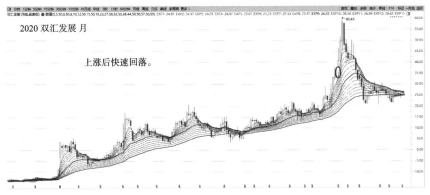

2020 双汇发展 月

上涨后快速回落。

图 6-42 双汇发展月线图

权 重 股 票

我们再来看一下 2020 年 6 月中证 100 指数成分股的情况。中证 100 指数是从沪深 300 指数样本股中挑选规模最大的 100 只股票构成的指数，可以综合反映沪深证券市场中最具市场影响力的一批大市值公司的整体状况。

- 我们只看中证 100 中排名前 50 位的股票。

- 我们按照流通市值排列（2023 年 1 月时的排名）。此时的排名和 2020 年 6 月会略有不同，而且排名靠后的股票容易被挤出去，排名靠前的股票整体变化不大。

- 除去在上一节"勇当先锋"中已经给出的股票。被选中的股票，指出形态特征（见图 6-43 至图 6-66）。

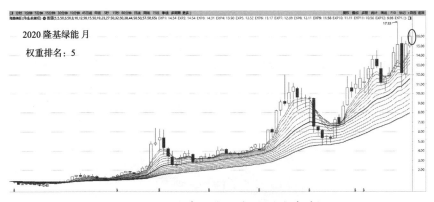

图6-43　隆基绿能月线图（井喷前）

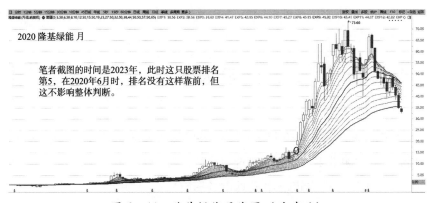

笔者截图的时间是2023年，此时这只股票排名第5，在2020年6月时，排名没有这样靠前，但这不影响整体判断。

图6-44　隆基绿能月线图（井喷后）

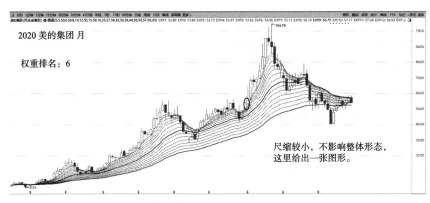

尺缩较小，不影响整体形态，这里给出一张图形。

图6-45　美的集团月线图

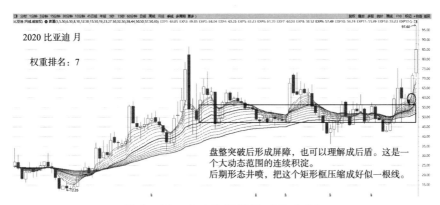

2020 比亚迪 月

权重排名：7

盘整突破后形成屏障，也可以理解成后盾。这是一个大动态范围的连续积淀。

后期形态井喷，把这个矩形框压缩成好似一根线。

图 6-46　比亚迪月线图（井喷前）

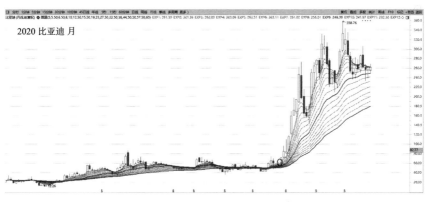

2020 比亚迪 月

图 6-47　比亚迪月线图（井喷后）

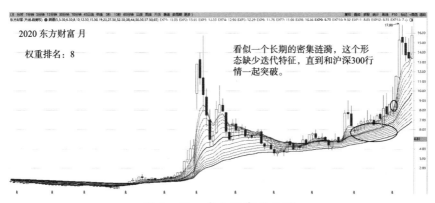

2020 东方财富 月

权重排名：8

看似一个长期的密集涟漪，这个形态缺少迭代特征，直到和沪深300行情一起突破。

图 6-48　东方财富月线图

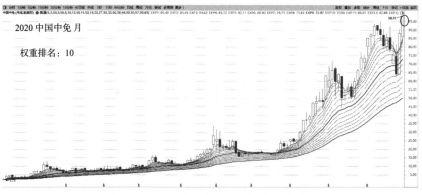

图 6-49　中国中免月线图（井喷前）

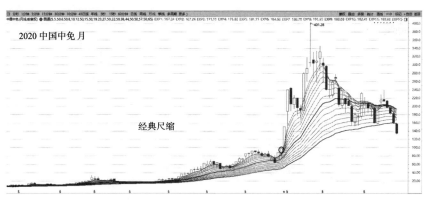

图 6-50　中国中免月线图（井喷后）

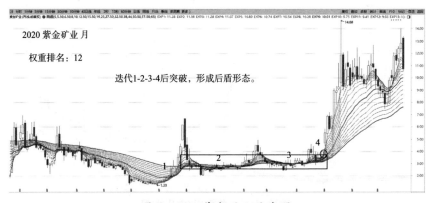

图 6-51　紫金矿业月线图

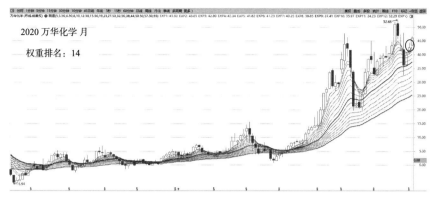

图6-52　万华化学月线图（井喷前）

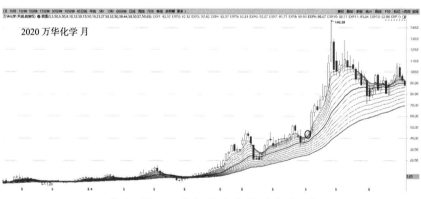

图6-53　万华化学月线图（井喷后）

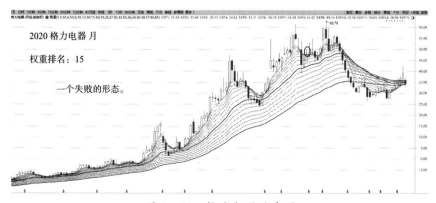

图6-54　格力电器月线图

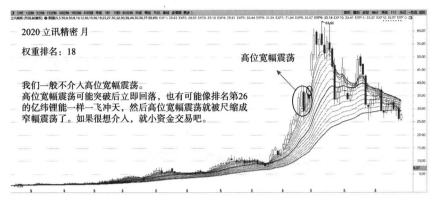

2020立讯精密 月

权重排名：18

高位宽幅震荡

我们一般不介入高位宽幅震荡。
高位宽幅震荡可能突破后立即回落，也有可能像排名第26
的亿纬锂能一样一飞冲天，然后高位宽幅震荡就被尺缩成
窄幅震荡了。如果很想介入，就小资金交易吧。

图6-55　立讯精密月线图

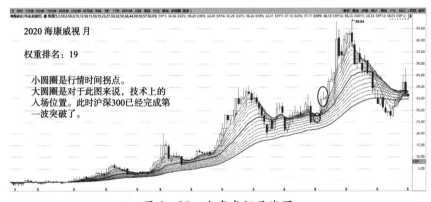

2020海康威视 月

权重排名：19

小圆圈是行情时间拐点。
大圆圈是对于此图来说，技术上的
入场位置。此时沪深300已经完成第
一波突破了。

图6-56　海康威视月线图

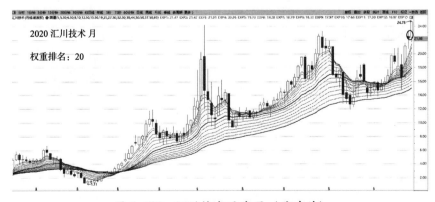

2020汇川技术 月

权重排名：20

图6-57　汇川技术月线图（井喷前）

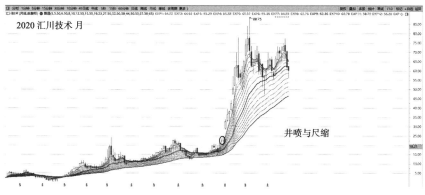

图 6-58　汇川技术月线图（井喷后）

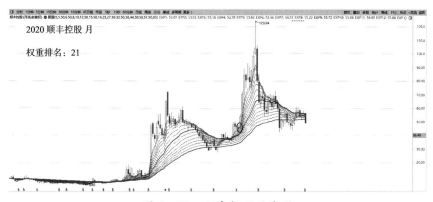

图 6-59　顺丰控股月线图

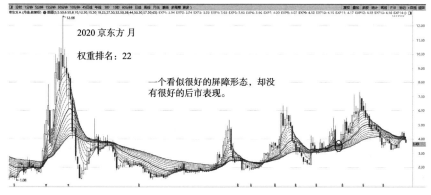

图 6-60　京东方月线图

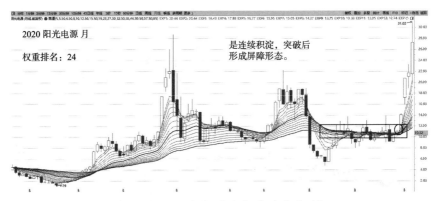

图 6-61　阳光电源月线图（井喷前）

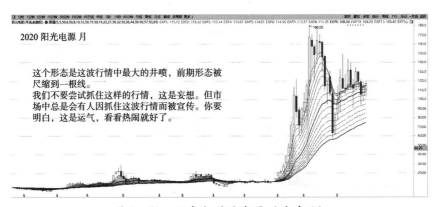

图 6-62　阳光电源月线图（井喷后）

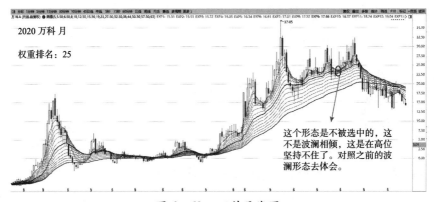

图 6-63　万科月线图

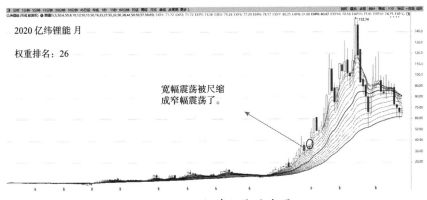

2020 亿纬锂能 月

权重排名：26

宽幅震荡被尺缩
成窄幅震荡了。

图 6-64　亿纬锂能月线图

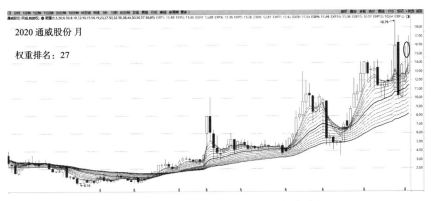

2020 通威股份 月

权重排名：27

图 6-65　通威股份月线图（井喷前）

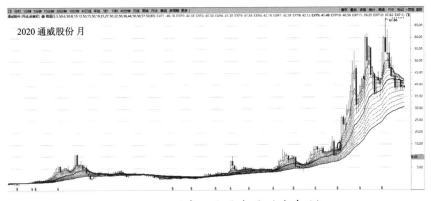

2020 通威股份 月

图 6-66　通威股份月线图（井喷后）

我想大家已经熟悉了各种尺缩。权重排名30～50位之间的形态，这里只给出井喷过后的最终形态（见图6-67至图6-78）。

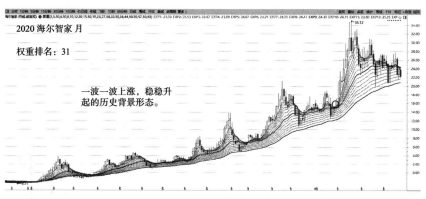

图6-67　海尔智家月线图

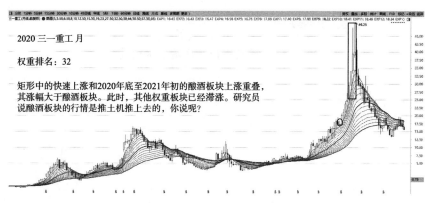

图6-68　三一重工月线图

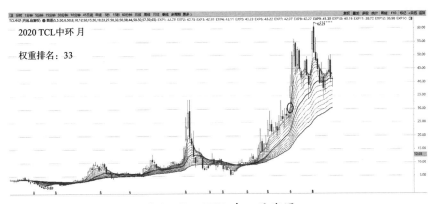

2020 TCL中环 月

权重排名：33

图 6-69　TCL 中环月线图

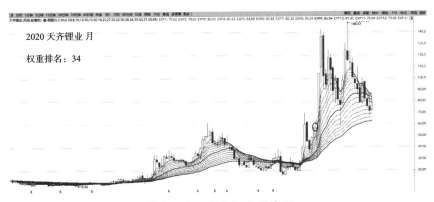

2020 天齐锂业 月

权重排名：34

图 6-70　天齐锂业月线图

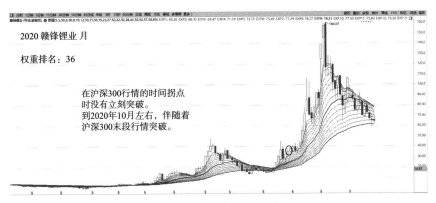

2020 赣锋锂业 月

权重排名：36

在沪深300行情的时间拐点
时没有立刻突破。
到2020年10月左右，伴随着
沪深300末段行情突破。

图 6-71　赣锋锂业月线图

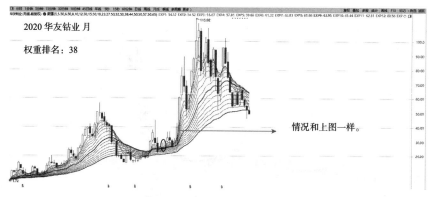

图 6-72　华友钴业月线图

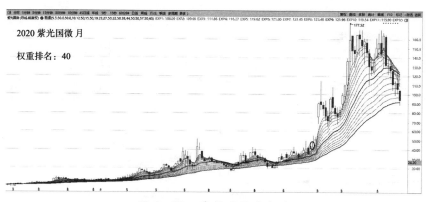

图 6-73　紫光国微月线图

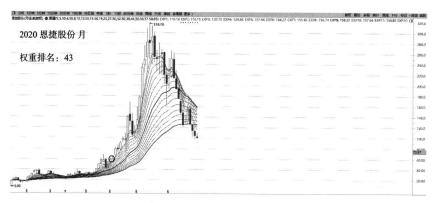

图 6-74　恩捷股份月线图

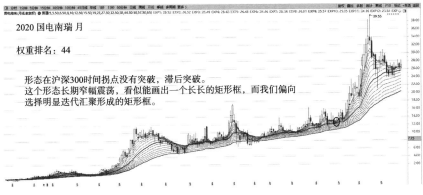

2020 国电南瑞 月

权重排名：44

形态在沪深300时间拐点没有突破，滞后突破。
这个形态长期窄幅震荡，看似能画出一个长长的矩形框，而我们偏向
选择明显迭代汇聚形成的矩形框。

图 6 - 75　国电南瑞月线图

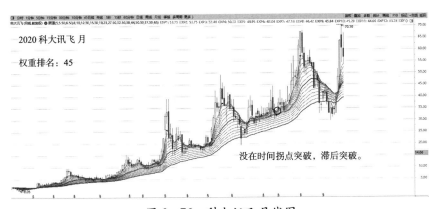

2020 科大讯飞 月

权重排名：45

没在时间拐点突破，滞后突破。

图 6 - 76　科大讯飞月线图

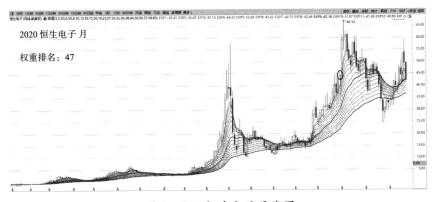

2020 恒生电子 月

权重排名：47

图 6 - 77　恒生电子月线图

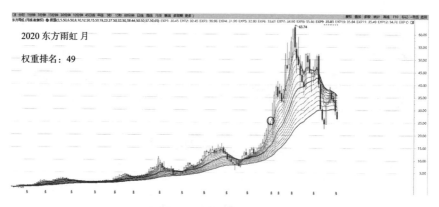

图 6 – 78　东方雨虹月线图

领 悟 之 前

在领悟之前，面对如此众多的形态机会，我一个都不愿意放弃。我每只股票形态持仓 1% ~ 2%，一波行情中至少持有 50 只股票。我就这样每天大面积地折腾，日复一日，年复一年。有时候会累，会觉得不对，但我说不出来，也走不出来。

在上面这些图中，你可以发现，有很多股票形态在沪深 300 指数于 2020 年 6 月中旬突破到来之前，有的是提前 3 个月，也有的是提前半年，便形成了很好的入场位置。这些股票持续上涨，可能会大幅上涨，在沪深 300 指数于 2020 年 6 月中旬突破到来之时，伴随着沪深 300 的行情持续上涨。

我太想在一开始就入场，我想做出一个完美的走势。这个想法深深地、长久地折磨着我，有的时候我似乎可以得到一些好处，但更多的时候操作一片混乱。这是一个持久的混沌时期，我每天都能发现诱人的形态，但像这样的指数级别的行情，也许几年才能发生一次。

一个是每天都会发生，一个是几年才会发生一次，这是一个距离。这是很多人无法跨过的距离，我也是近年来才跨过了这个距离。在本书结尾处我还会提及这个距离。这是一个你必须跨过的距离。

领悟之后

我们经历了怎样的逻辑绵绵?

- "勇"繁、勇"碎"、"勇"痴缠。
- 逻辑绵绵、形态绵绵、围绕绵绵。
- 层层围绕、以"勇"为一、统一战线。
- "关隐逻辑"(舍我其谁)、梳理勇心、"方聚寸勇"。

大家需要反复对照理论和案例。也许你能得到很多,也许你什么都得不到。我们该如何操作?

- 沪深300指数在中部位置盘整后上涨,预期存在权重板块"勇当先锋"。
- 权重板块如酿酒、医药、医疗、食品饮料为"高位"形态,波澜相倾。
- 按照权重排序,给予酿酒板块较大的持仓权重,医药、医疗板块居中,食品饮料板块较小。
- 选出10~15只形态较好的股票。

以上就是全部分析。我们看过了"勇当先锋",接下来看看"稳做后盾"。

第七章

围绕战统、稳做后盾

指 数 分 析

我们先来看看如图 7 - 1 至图 7 - 3 所示的"关重区"指数形态。通过对三者进行比较，我们可以看出大盘价值指数经过数月的波动，在 2014 年 11 月中旬突破前期，已经形成了一个矩形形态。此时的突破结合前期的底部矩形形态，是技术分析中的支撑判定。我把这种情形称为具备"后盾"特征的价格形态。

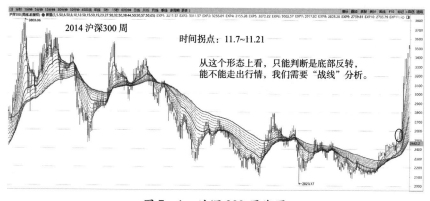

图 7 - 1　沪深 300 周线图

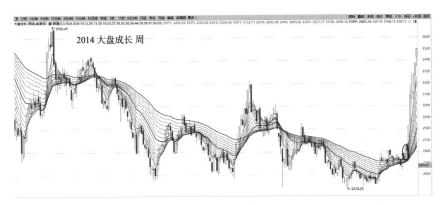

图 7 - 2　大盘成长周线图

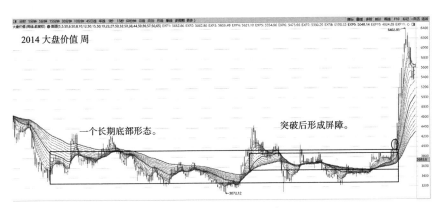

图 7 - 3　大盘价值周线图

我们也可以预见，在大盘价值成分股中，可以发现很多具备"后盾"特征的股票形态。

权重板块

我们看图的流程是：先看指数，再看权重板块，再看权重股票。这一小节我们聚焦在 2014 年 11 月前后的权重行业板块（注意是 2014 年时的权重行业板块）形态，如图 7 - 4 至图 7 - 9 所示。

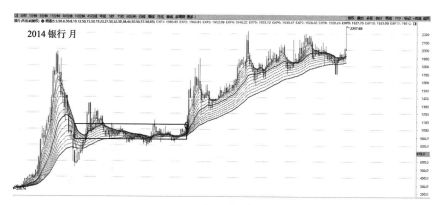

图7-4 银行板块月线图

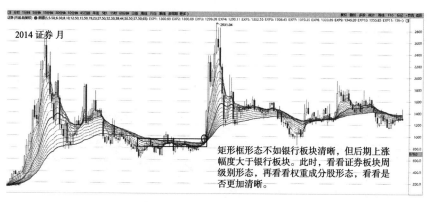

图7-5 证券板块月线图

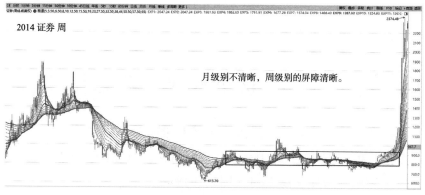

图7-6 证券板块周线图

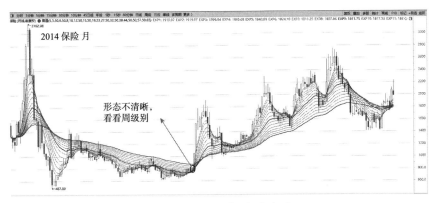

图7-7　保险板块月线图

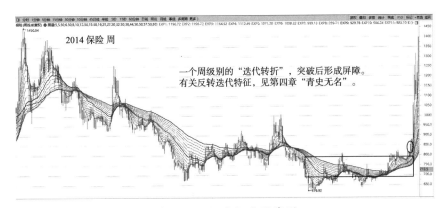

图7-8　保险板块周线图

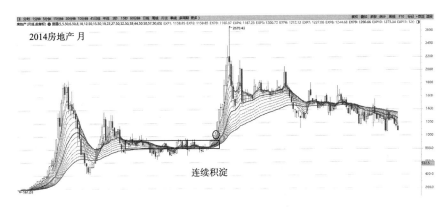

图7-9　房地产板块月线图

到此为止，我们基本上列出了 2014 年排名靠前的几个板块。金融地产股的权重占到 40% 以上。2014 年，在 300 只成分股中，前 20 只成分股权重占比为 42%。所以在下一节我们只选取金融、地产板块的权重股作为例子。

稳做后盾

金融、地产板块的权重股的形态如图 7－10 至图 7－23 所示。

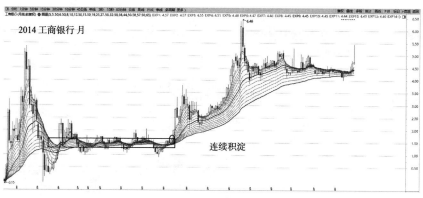

图 7－10　工商银行月线图

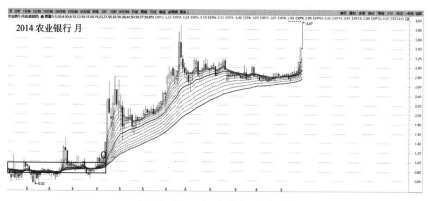

图 7－11　农业银行月线图

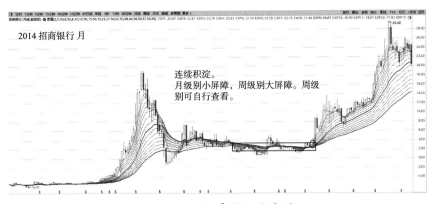

图 7-12　招商银行月线图

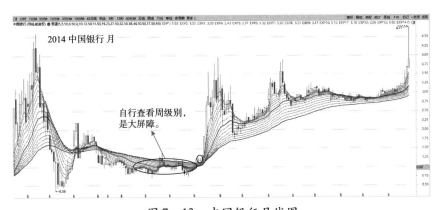

图 7-13　中国银行月线图

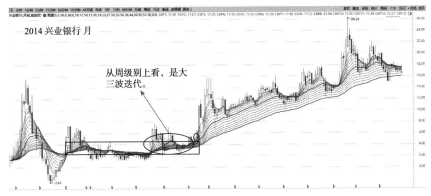

图 7-14　兴业银行月线图

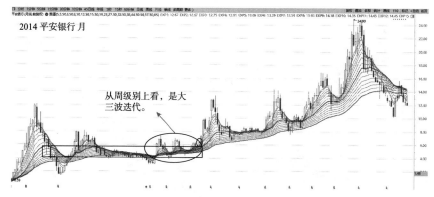

图7-15　平安银行月线图

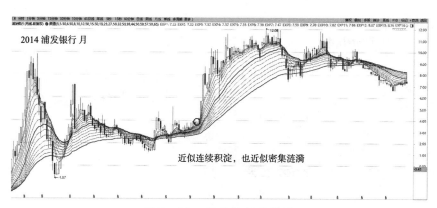

图7-16　浦发银行月线图

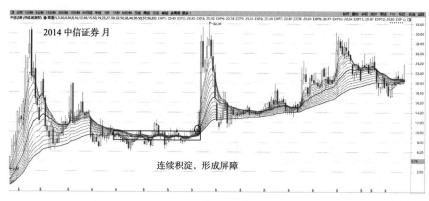

图7-17　中信证券月线图

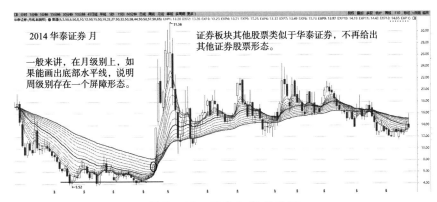

图7-18　华泰证券月线图

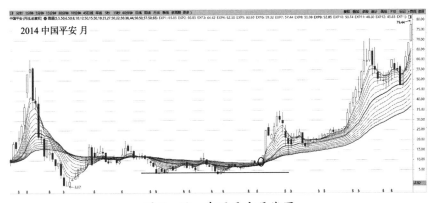

图7-19　中国平安月线图

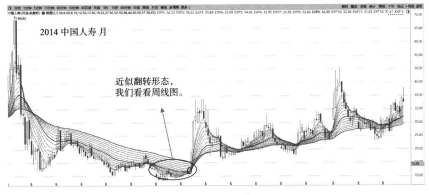

图7-20　中国人寿月线图

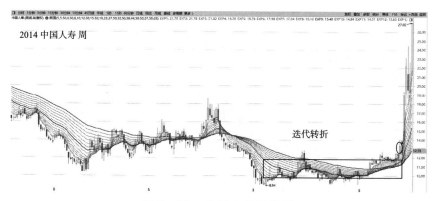

图 7-21　中国人寿周线图

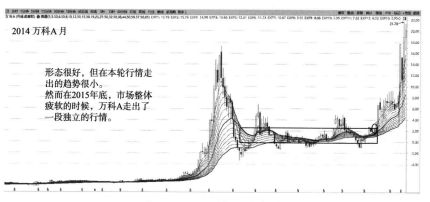

图 7-22　万科 A 月线图

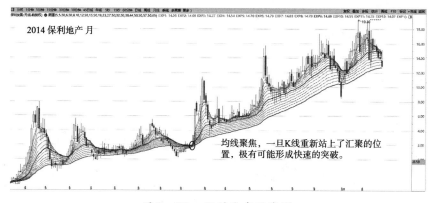

图 7-23　保利地产月线图

牢 牢 记 住

银行板块在相当长的一段时间中都是沪深 300 指数中权重最大的板块，但也并非永久不变，就像酿酒板块在 10 年前似乎没有排进前 10 名，但在 2021 年初也曾坐过头把交椅。2023 年 2 月，排名前五的行业是银行、电气设备、酿酒、化工、医药。

仔细分析你就会发现，银行板块和酿酒板块的权重成分股构成比较单一，基本上来自沪深 300 指数的成分股。而其他三个板块的权重成分股中，有一半来自沪深 300 指数的成分股，另一半来自中证 500 指数和中证 1000 指数的成分股。如果有一天银行板块和酿酒板块跌出了前五，我们再看"关重区"结构的时候，可能会是另外一种组织形式。如果预期形成"关统战线"，可能需要这样解读：

- 沪深 300 指数出现机会。

- 排在前几位的板块形态相对一般（是因为成分股中归属于中证 500 和中证 1000 的股票形成了拉拽），但成分股中归属沪深 300 指数的股票，却出现明显的"关统战线"。

我们需要牢牢记住，天底下的事情，皆有变数，尤其是排名。但万变不离其宗。如果有一天市场的构成发生了变化，我们不能墨守成规，要能够指出新结构的组织形式，并做出相应的操作改变。

第八章

一命二运、股海知命

这是本书的最后一章，看到这里你应该会提出一个问题：在 10 年左右的时间里，"关重区"只出现了两次周月级别的行情，是不是太少了？我在第六章"感悟之前"这一小节也曾说过："这是一个你必须要跨过的距离。"这是我们应该提出的问题。

这一章我们不展开，只是提出概念，每一节都很简短，因为这些问题在下一本书中都会详细介绍。然后我们要计算，算什么？算命。只有算过命后，你才能安心地在这个行业待着。

应 运 而 生

一命，二运，三风水，四积阴德，五读书。

我们从"运"开始讲吧。"运"就是氛围的整体运动，也可以叫大趋势、大运势、大行情。应"运"才能生。我们此生就是来应这个氛围，来渡这个氛围（运），来计划这个氛围（命）。我们在市场中，就是来感应行情的，当"运"来临时，才能说"弱水三千只取一瓢"。

在第五章中，我就描述了这个氛围，描述了怎么上升到这个氛围，怎么做才有可能感应到这个氛围。在第六章、第七章，我讲了观战线统一，观行情氛围。而这个氛围也可以用沪深 300 指数和中证 500 指数共同指出。

无论是第六章还是第七章，中证 500 指数都是"和同"沪深 300 指数的，这是两次沪深 300 指数和中证 500 指数共同托起整个市场氛围的大行情。当然，也会出现中证 500 指数独自托起市场局部氛围的热度行情。

图 8 - 1、图 8 - 2 显示了中证 500 指数的拐点位置，对照第六章和第七章的拐点时间，观"和同"，观大运势。

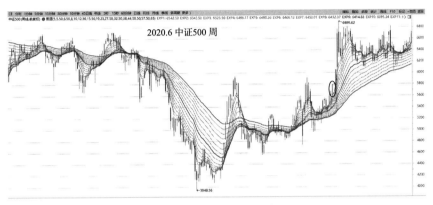

图 8 - 1　中证 500 周线图

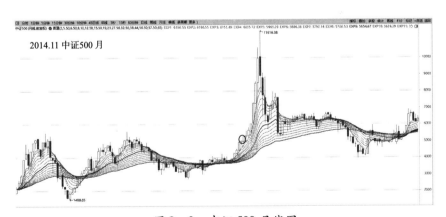

图 8 - 2　中证 500 月线图

但也可能会出现这种情况，沪深300指数是上涨的，其中权重板块是领涨的，但沪深300指数中其他权重板块没有"和同"，此时观察中证500指数，如果中证500指数相对于沪深300指数的涨幅是滞后的，说明是最大权重板块的孤涨带动了沪深300指数缓慢上涨。比如2017年下半年到2018年初的行情（见图8-3至图8-5）。

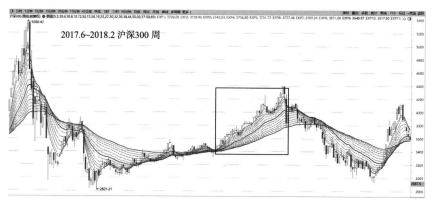

图8-3　沪深300周线图

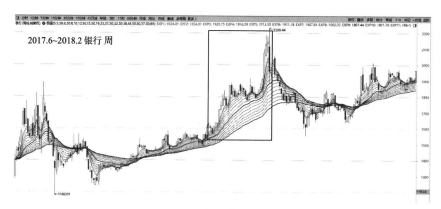

图8-4　银行板块周线图

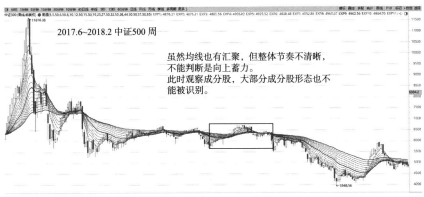

图 8 – 5　中证 500 周线图

此时，整个市场是分化的。在 2017 年时，银行板块占整个市场权重的 20%～30%，其他板块又极其分化，此时市场只有最大权重的孤影，没有大行情的氛围。怎么办？

被 动 运 转

首先我要强调的是，我们必须应运而生。如果市场中只有最大权重的孤影，没有大行情的氛围，则说明此时市场没有大运势，只有"对冲运势"，也可以叫被动运转。这个是对冲交易的"关转逻辑"。

图 8-6 足以说明一切。你可以感应到这张图形后面的整体"转运"吧。这个问题我们将在下一本书中进行探讨。

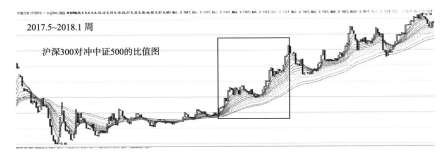

图 8-6　沪深 300 对冲中证 500 比值形态

危机感应

股票总有下跌的时候，就像很多人认为市场的下跌才是"反者道之动"的"反"。跌出"恐慌"，跌出"系统性风险"，这才是我们需要观的"危危"可机。哪些时候是全线下跌，哪些时候是"关热"下跌，哪些时候是"关重"下跌，什么时候才算是"危危"可机，这是整体下跌的"关危逻辑"。我们在下一本书进行讲解。

股海知命

我们做一个简单的计算：

- "关重"机会，预估 10 年 1.5 次。本书详细介绍了两次。
- "关热"机会，预估 10 年 1.5 次。
- "关转"机会，预估 10 年 1.5 次。
- "关危"机会，预估 10 年 1.5 次。
- 股市机会预估 10 年 6 次，期货市场机会预估 10 年 4 次。
- 10 年中，有的年份一次运势也没有，有的年份会出现 2~3 次运势。

这是整体大致上的评估，在实际操作中，操作方式需和个人偏好相融合。我们将在第三本书中主要讲解如何融合，如何"抱一为天下式"。

对我来讲，机会足够多了。若 10 年中能融合 5~6 次运势，就能好过 99% 的交易者。

后　记

这本书的书名叫《股海闻道——千千股道》，涉及很多不同以往的概念、不同以往的工具、不同以往的方法、不同以往的观点、不同以往的尝试、不同以往的叙述等，但都不离"老子"的思想，所以副标题为"千千股道"，希望这么多的"不同以往"能够营造出股海闻道的感知氛围。

我们很难从一开始就直指核心，但可以先进入一个离核心不远的范围。只要进入这个范围，就已经好过99%的交易者了，那么这本书的阶段性目的也就达到了。

在写这本书的"观心篇"时，我也看了一些和阐释"心"相关的视频，也就顺其自然地听闻到"禅"。我想我会去学习禅的语言，禅的语言对叙述这个系列的第二本书的核心内容会有很大帮助。第二本书的书名叫《股海闻道——诸相非相》，是我们整个系列的核心，我们将在那本书的"观心篇"中直指核心。

我们需要一段时间来学习和消化第一本书，也需要经历几次像样的行情来建立信任，而我也需要时间去学习一些语言来叙述和阐释。届时，或者讲在合适的时间，第二本书会和大家见面。